中学生体育与保健

ZHONGXUESHENG TIYU YU BAOJIAN

彭 冲 主编

郑州大学出版社

·郑州·

图书在版编目(CIP)数据

中学生体育与保健／彭冲主编. — 郑州 ：郑州大学出版社，2021.5
ISBN 978-7-5645-7794-0

Ⅰ. ①中… Ⅱ. ①彭… Ⅲ. ①体育课－中学－教学参考资料②健康教育－中学－教学参考资料 Ⅳ. ①G634.963

中国版本图书馆 CIP 数据核字(2021)第 055661 号

中学生体育与保健
ZHONGXUESHENG TIYU YU BAOJIAN

策划编辑	李同奎	封面设计	牛淑娜
责任编辑	王晓鸽	版式设计	牛淑娜
责任校对	赵晓丹	责任监制	凌　青　李瑞卿

出版发行	郑州大学出版社有限公司	地　　址	郑州市大学路 40 号(450052)
出 版 人	孙保营	网　　址	http://www.zzup.cn
经　　销	全国新华书店经销	发行电话	0371－66966070
印　　刷	河南承创印务有限公司		
开　　本	787 mm×1 092 mm　1／16		
印　　张	10	字　　数	173 千字
版　　次	2021 年 5 月第 1 版	印　　次	2021 年 5 月第 1 次印刷

书　　号	ISBN 978-7-5645-7794-0	定　　价	28.00 元

编写说明

近年来，全国青少年体质健康状况不容乐观，为提高青少年体质健康水平，改善其体质健康状况，教育部、国家体育总局等有关部门对如何提高和改善青少年体质健康状况提出了具体要求。自 2007 年以来，党中央、国务院高度重视青少年体质健康状况，印发了《中共中央 国务院关于加强青少年体育增强青少年体质的意见》，国务院办公厅先后印发了《国务院办公厅转发教育部等部门关于进一步加强学校体育工作若干意见的通知》《关于强化学校体育促进学生身心健康全面发展的意见》等文件，要求严格实施中小学《体育与健康课程标准》，并对加强青少年体育教育、增进青少年身体素质、提高青少年体质健康提出一系列具体要求。要求各级各类学校要认真做好学校体育教育教学工作，积极开展各种形式的体育教学活动，让每个学生每天有充足的锻炼时间。《体育与健康课程标准》更是为学校体育教学提出了更加具体、更加明确的要求，即以“健康第一”为指导，让学生拥有强健的体魄、充沛的精力，学会运动技能，培养运动兴趣，健全学生人格，培养中学生努力拼搏、坚持不懈、团结协作的意志品质，使其养成良好的体育锻炼习惯，为社会主义建设贡献力量。

体育是一个综合性学科，体育保健学又是体育科学的一门重要的分支学科，是集医学、运动学、心理学、保健学、营养学、解剖学等学科为一体的重要学科。本教材根据普通中学和中等职业学校《体育与健康》课程的总体要求和目标编写，目的是为中学体育教师和学生在教授、学习《体育与健康》课程中的体育保健内容时提供参考，所以编者在教材内容的选取和编排上充分体现了教师和学生的需要，遵循循序渐进的规律逐步深入，按照从理论学习到技能学习的顺序，让学生能够轻松地掌握体育保健的相关知识和技能。

本教材共九章，内容大致分为四部分。第一章和第二章为第一部分，主要介绍体育、健康以及它们之间的关系、相互影响；第三章到第五章为第二部分，这一部分主要介绍运动中机体所需的营养、运动时的能量供给及其对中学生参加体育锻炼的影响；第六章到第八章为第三部分，这个部分主要介绍中学生在参加体育锻炼时可能出现的一些运动病症和运动伤害，同时针对这些问题介绍了一些科学可行的预防和解决方法；第九章为第四部分，这一章是结合前面章节的知识教中学生在日常生活中如何进行体育锻炼，主要教授给学生锻炼力量、速度、耐力、灵敏度等增强身体素质的方法。

通过本教材各章节的学习，学生在学好理论知识的同时可以掌握一些简单实用的技能，这为他们更好地了解和展开体育运动打下了基础。在理论知识方面，本教材能够让学生明白体育是一门什么样的学科，体育具有哪些功能，体育运动和健康的关系，以及人体运动中能量的供应机制，等等；在知识的运用和实践方面，本教材能够指导学生如何合理地进行能量和营养物质的补充，参与对健康有积极作用的活动，如何避免伤害，遇到伤病或损伤时如何自救和施救，如何运用常用的急救方法，以及如何健身，等等。

为增加教材的趣味性，提高学生学习的兴趣，同时让读者更容易读懂和掌握教材知识，编者特意在教材中插入了图片和表格，以方便读者阅读学习。为最大限度地让读者学到更多知识，编者还在各个章节中适当地加入了“知识拓展”板块，使读者能够更加深刻地理解该章节的内容。

由于编者的知识水平有限，教材中难免会有不足之处，诚恳希望读者提出宝贵意见，给予指正，编者在此表示由衷感谢。

编　者

2018 年 3 月

目录

CONTENTS

第一章 体育与健康

内容提要

一直以来，体育和健康就是两个不可分割的概念，两者有着紧密的联系。各种体育活动能够促进学生健康成长，使之拥有强壮的身体、坚强的意志、良好的适应能力等，同时健康对体育也具有较大影响，对健康的追求使学生乐于锻炼、乐于运动，促进了体育运动的良好发展。本章分三节，分别讲了体育、健康以及两者的关系。在第一节介绍了体育的概念、分类、功能等内容；第二节介绍了健康的有关内容，着重讲了健康概念的组成、健康的标准、基本的体格检查等内容；第三节介绍了体育与健康的关系，主要讲了体育和健康之间的相互联系、相互影响等内容。

第一节　体育

体育是在人类社会发展中，根据生产和生活的需要，遵循人体身心的发展规律，以身体练习为基本手段，达到增强体质、提高运动技术水平、丰富社会文化生活而进行的一种有目的、有计划、有组织的社会活动，是伴随人类社会发展而逐步建立和发展起来的一个专门科学领域。

2008 年北京奥运会开幕

体育有狭义和广义之分。

狭义的体育是一个以发展身体，增强体质，传授锻炼身体的知识、技能，培养道德和意志品质为目的的教育过程；是对人进行培育和塑造的过程；是教育的重要组成部分；是培养全面发展的人的一个重要方面。简而言之，狭义的体育就是指学校体育或体育教育。

广义的体育是指以身体练习为基本手段，以增强人的体质、促进人的全面发展、丰富社会文化生活和促进精神文明建设为目的的一种有意识、有组织的社会活动。它是社会总文化的一部分，其发展受社会政治和经济的制约，同时也为社会政治和经济的发展提供一定的服务。

一、体育的分类

1. 学校体育

学校体育是在各级、各类学校、培训机构等场所里开展的一切体育活动的总称，是进行传输体育文化知识、学习体育运动技能、培养道德素质、输送优秀体育人才的重要途径。

学校体育一般包括体育课、课外体育训练、学校运动会、早操、课间操、大课间活动、各种体育游戏等不同形式的体育活动。学校体育是体育的重要组成部分，担负着提高青少年身体素质的重要任务，对青少年的健康成长起着重要作用。

2. 大众体育

大众体育是社会中由个人或相关组织号召开展的群众性体育活动，是人们在生活生产中共同参与的体育活动，其重要特征是参与人多、活动内容广泛、形式多样。例如，社区篮球赛、大众健身操、广场集体舞、冬季万人长跑等等。

近年来，国家提倡全民健身，号召全民参与体育锻炼，增强国民身体素质，享受健康幸福生活。同时，随着生活水平的提高以及社会文化生活的日益丰富，越来越多的国民关注和重视自身的健康和生活质量，体育活动又是一个很好的能够有效增进健康和娱乐身心的途径，所以在我们周边有很多不同年龄段的人通过参与不同形式的体育活动，进行身体锻炼。这也促进了大众体育的快速发展。

3. 民族体育

赛龙舟

就世界而言，民族体育是指世界各民族保留的各自的传统体育项目和活动方式，如中国的武术、气功养生等。就一个国家而言，民族体育则是指本国各民族的体育项目和活动方式。在中国一般指非汉族的各少数民族的体育活动，如赛马、斗牛、舞龙舞狮、赛龙舟、摔跤等。

民族体育作为人类体育文化的重要组成部分，具有教育、竞技、娱乐和健身功能，同时，其本身的特点体现出了不同民族的文化特色和渊源。因此，民族体育经过不断完善和规范以后，其中的很多优秀项目逐渐被推广到更广阔的区域，为更多的民族所接受，并在未来的发展中，走出本民族的特定区域，走向世界。

4. 竞技体育

排球比赛现场

体育比赛中，以夺取比赛优胜、创造优异运动成绩为目的而进行的体育活动，称为竞技体育。体育训练是过程，参与体育比赛是结果。竞技体育参与的人数相对较少，主要是针对一些具有某项运动特长的运动员而进行的有组织、有计划、有目的的专门训练，通常运动强度较大，运动周期较长。

竞技体育项目往往具有较强的对抗性，通过激烈的比拼分出高低胜负，运动员为了取得比赛的胜利，会挑战自己身体的极限，表现出一种坚韧、顽强、拼搏、不放弃的体育精神，有时也代表着一个国家、一个民族的意志和精神。国内外竞技体育的赛事有很多，比如中国男子篮球职业联赛（CBA）、中国足球协会超级联赛（中超）、中华人民共和国全国运动会（全运会）、美国男子篮球职业联赛（NBA）、英格

兰足球超级联赛(英超)、国际足联世界杯(世界杯)、奥林匹克运动会(奥运会)等,其中奥运会是世界上级别最高的体育盛会,是竞技体育检验成果的最高舞台,是参与人数最多、比赛项目最全的综合性运动会,也是每位运动员的理想追求和奋斗目标。

5. 极限运动

极限运动是结合了一些难度高、危险性高、挑战性大的一系列组合运动项目的统称。极限运动是一个新兴的体育门类,发展速度较快,由于其难度高、危险性大,极易受伤,甚至可能对参与者造成严重伤害,所以参与的人数很少,普及程度较低。

同时,极限运动具有较高的观赏性和挑战性,能够很好地吸引观众观看,例如:直排轮滑、滑板、极限单车、攀岩、雪板运动、空中冲浪、街道疾降、跑酷、极限越野、极限滑水等都是常见的极限运动项目。

二、体育的功能

1. 体育的健身功能

体育是以身体练习为基本手段的身体活动,通过适量的体育运动,参加适当的体育锻炼能够促进人体健康,让人拥有强健的体魄、积极乐观的心态和良好的社会适应能力。事实证明,体育活动既可以增进人体生理的健康,还可以促进人体心理的健康发展,参与体育活动可以给人以愉快的心情,让人积极向上,充满自信,驱除负面心理影响,使人变得坚强,并能与其他人相处融洽。

学校体育活动

适量的体育运动可以促进人体各项器官、关节和系统的发育,增强它们的功能,以降低疾病对人体的侵扰。另外,通过适当的体育运动还可以缓解或治疗某些疾病,比如气功、太极拳、五禽戏、瑜伽等都是很好的健身理疗运动。

2. 体育的教育功能

体育的重要功能之一就是它的教育功能,其中学校体育和体育训练是体育教育功能的主要内容和表现形式。学校体育是传播体育文化,让学生了解体育学科知识、学会运动技能、强健体魄,培养学生参与运动的兴趣和树立良好人格品质的教育过程，主要内容是体育课、课外体育训练以及道德品质教育。

体育课是针对所有学生有组织、有计划、有目的地进行体育知识和技能教育的过程。体育训练是针对有体育特长的学生，为了在体育竞赛中取得优异成绩而进行的有计划、有目的的专门体育技能训练，是为了培养专业运动员和体育人才而进行的教学。体育训练是为社会培养竞技体育人才的重要途径。道德品质教育自始至终都贯穿于体育课和体育训练的教学活动中。

3. 体育的娱乐功能

体育的娱乐功能体现在两个方面：一是参与体育活动让自己心情愉悦，二是观赏体育活动（比如观看足球、篮球比赛等）给自己带来快乐。

体育运动往往是身体与器械的协调活动，本身就具有一定的娱乐性，它的娱乐功能主要体现在运动器械的使用和一些具有趣味性的体育项目或活动，以及体育游戏。我们的民族体育活动、农民运动会、棋牌等往往都具有较强的趣味性，同时体育游戏也是趣味性很强的体育活动。所以参与体育活动会带给人快乐的体验，这是体育娱乐功能的重要体现。

另外，间接参与体育活动也能给人带来快乐。人们通过观看或欣赏体育比赛能够感受到快乐，比如观看足球世界杯、篮球 NBA、排球赛、田径世锦赛等体育赛事，使人身心愉悦，这也是体育娱乐功能的重要体现。

事实证明，体育活动本身具有愉悦身心的特性，通过适当的体育活动能给人带来快乐、忘掉痛苦和烦恼等。心理学专家通常采用让心理疾病患者和心理创伤患者参与体育活动的方式来治疗其心理问题，往往取得显著效果，比如，2008 年汶川大地震对当地许多青少年的心理造成了不同程度的创伤，他们大多有恐惧、无助、害怕、绝望等负面心理特征。心理学专家将这些儿童聚到一起，然后开展多种形式的体育活动，让他们能够暂时忘记痛苦，享受快乐，产生积极的心理反应。所以，体育活动是许多心理学专家用来治疗心理创伤患者的有效方法。

4. 体育的社会功能

体育是全社会的活动，是人人都能参与的活动，人们参加和举办各种体育赛会或活动是体育社会功能的重要体现。在这个过程中体现的是一个国家、一个民族、一个地区人民的团结以及人民的凝聚力。参加一个体育比赛或活动时，通常人们会利用他们所掌握的资源对这些参赛的代表进行训练和培训，从而有效地调动和分配社会资源。

赛事承办方为了活动的圆满举行，做好东道主，为活动提供一个良好的场馆设施和比赛环境，往往也会动员国家、社会的全部力量来做好活动的基础建设等一系列工作，这些都体现了一个国家、一个民族、一个地区团结一心的体育社会功能，增强了国家或地区的凝聚力和民族自豪感。

5. 体育的经济功能

体育是人的活动，是建立在一定的物质消费基础上进行的，必然会消耗一定的人力、物力和财力。随着参与的人越来越多，体育经济、体育市场逐渐建立成形，并且日渐成熟。因此，与体育有关的服装、器材、装备和体育场地设施等生产建造的企业就会随之产生，体育服务等社会行业就必然会出现。

现代社会，体育中的很多内容已经发展成为人类社会的第三产业，在社会经济生活中发挥着越来越重要的作用。对于许多国家和地区来说，体育产业甚至已经成为带动其经济发展的支柱，因此，国家出台并制定了体育产业发展的专门性文件和制度，以促进体育产业健康有序发展。同时，体育活动的开展对一个国家、一个地区经济的发展也有一定促进作用。比如举办奥运会、世界杯，设立 NBA 赛事等体育盛会，必然会带动举办地的经济发展，主要表现在基础建设、旅游、服装、餐饮等行业。

6. 体育的政治功能

体育作为一项在全世界具有广泛影响的社会文化和教育活动，在当今社会中与政治有着密切的关系，在维护统治阶级的利益、处理国际关系和民族关系方面，具有独特的功能。国际比赛中，运动员往往被视作一个国家或一个地区的代表，通过与其他国家或地区的选手的接触，展示自身诉求，加深与其他国家或地区人民的友谊，起到非正式交流的功能。同时，竞技比赛在形式上具有非政治性，可以使任何国家，包括政治上有隔阂的运动员站在一起，同场竞技。随着比赛的进行，通常双方的官员也要进行必要的接触。

因此，在特定情况下，为打破外交僵局，常以比赛为契机，进行外交接触，往往能取得意想不到的重大外交突破。例如，每届奥运会在给各国运动员提供展示自己舞台的同时，也为各国首脑搭建一个沟通交流的平台，从而为各国的外事交流提供一个良好的机会。因此已经有许多国家把体育运动作为一项重要的外交手段加以利用。

7. 体育的文化功能

不同的体育运动承载着不同的文化，不同民族的体育活动着不同的民族文化内涵和特色。体育的文化功能主要体现在体育运动对不同体育文化的传承和发扬，以及为不同体育文化的交流、创新创造条件。民族运动会、农民运动会、划龙舟比赛、赛马、斗牛、摔跤、泼水节等都是文化底蕴十分深厚的体育活动，通过开展这些具有特色的体育活动，能让它们所承载的传统文化更好地延续。世界最大的体育盛会——奥林匹克运动会，其本身就是体育文化最好的发展与延续途径。

北京奥运文化

另外，大型体育活动为不同文化的交流搭建了良好平台，比如运动会上，不同民族、不同国家的运动员在展示各自体育技能的同时，也让他所代表的民族和国家的文化得到了展示，让不同民族的文化得到了很好的交流。

8. 体育对科技的促进作用

体育运动的发展离不开科学技术的发展，体育科学技术的发展也离不开体育运动对它的促进作用。为在各项体育比赛中取得更好的成绩，达到奥运会“更高、更快、更强”的目标，突破运动员自身身体极限，就要求我们要对每一个体育项目进行科学的研究，制定合理的训练方案，运用先进的科学仪器和设备进行监控并掌握运动员的情况，为运动训练提供科学的依据。

随着各个体育项目的不断发展和竞技水平的提高，我们需要更加精准的仪器来对运动成绩和运动员的技术动作进行计算和测量，这就要求科研人员不断深入研究，创造出更加科学的检测训练仪器和训练手段以提高体育训练效果，满足体育日益发展的需要。比如排球比赛中引入的鹰眼技术、足球比赛中的视频裁判等都是科技含量较高的技术，能够更好地促进体育运动的发展。

知识拓展

奥运会

奥运会是奥林匹克运动会的简称，最早起源于古希腊，因为首次举办地在奥林匹亚而取名奥林匹克运动会，每四年举办一次。奥运会是一种融合体育、政治、文化为一体的国际性活动，是和平与友谊的象征，也是各国、各民族文化传播交流的良好平台。第一届古代奥运会于公元前776年在奥林匹亚举行,在公元394年被罗马皇帝狄奥多西一世禁止,历经了1100多年。

奥林匹克运动会会旗

1894年6月16日,第一届奥林匹克代表大会在巴黎索邦神学院召开。6月23日,大会通过了成立国际奥林匹克委员会的决议。第一届现代奥林匹克运动会在法国教育家、现代奥林匹克之父——皮埃尔·德·顾拜旦的号召下,于1896年4月6日在雅典举行,历时10天。

奥运会有专门的会旗和会歌,同时还有奥运圣火传递活动。国际奥运会会旗由国际奥委会于1913年设计,白底无边,中间五环相互套环,分为上下两行,第一行三环,第二行两环,第一行从左至右分别为蓝、黑、红三色,第二行从左至右分别为黄、绿两色。五环相扣,代表五大洲相互团结,以及世界各国运动员以公正、公平的比赛和友好的精神在奥运会相见。奥运会的会歌、会徽以及大会吉祥物由承办国家负责选取。每届奥运会的奥运圣火都必须到奥运的发源地雅典采集,然后传递到举办城市,奥运圣火的传递已经演变为一种精神和文化的传递,所以每届奥运会传递圣火的火炬都各具特色,比如北京奥运会的祥云火炬。

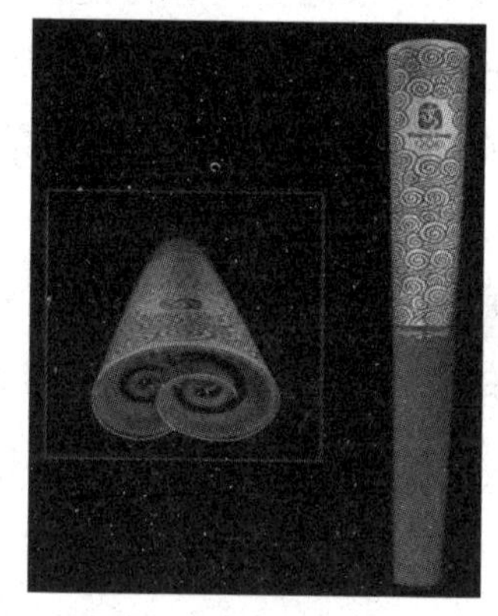
2008年北京奥运会祥云火炬

表1-1　历届现代奥运会的举办时间和地点(截至2017年8月)

届次	举办时间	举办地点	参赛国家/地区数和运动员人数	奥运记事
第一届	1896年	希腊雅典	13个国家,311名运动员	第一届现代奥林匹克运动会
第二届	1900年	法国巴黎	22个国家,1330名运动员	11名女运动员,第一次有女运动员参赛
第三届	1904年	美国圣路易斯	12个国家,625名运动员	历史上参赛国家和地区最少的一届
第四届	1908年	英国伦敦	22个国家,2034名运动员	女子36人
第五届	1912年	瑞典斯德哥尔摩	28个国家,2547名运动员	女子57人
第六届	因为第一次世界大战而停办			

续表

届次	举办时间	举办地点	参赛国家/地区数和运动员人数	奥运记事
第七届	1920 年	比利时安特卫普	29 个国家,2607 名运动员	国际奥委会在这一年决定从 1924 年开始另行组织冬季奥运会
第八届	1924 年	法国巴黎	44 个国家,3092 名运动员	女子 136 人
第九届	1928 年	荷兰阿姆斯特丹	46 个国家,3014 名运动员	女子 290 人
第十届	1932 年	美国洛杉矶	37 个国家和地区,1048 名运动员	中国第一次派代表团参加奥运会,但运动员仅有刘长春一人
第十一届	1936 年	德国柏林	49 个国家和地区,4066 名运动员	女子 328 人
第十二届	因为第二次世界大战而停办			
第十三届				
第十四届	1948 年	英国伦敦	59 个国家和地区,4099 名运动员	女子 385 人
第十五届	1952 年	芬兰赫尔辛基	69 个国家和地区,4925 名运动员	女子 519 人
第十六届	1956 年	澳大利亚墨尔本	67 个国家和地区,3184 名运动员	奥运史上麻烦最多的一届奥运会
第十七届	1960 年	意大利罗马	83 个国家和地区,5348 名运动员	女子 610 人
第十八届	1964 年	日本东京	93 个国家和地区,5140 名运动员	女子 683 人
第十九届	1968 年	墨西哥墨西哥城	112 个国家和地区,5531 名运动员	奥运会参赛单位首次突破 100 个。女子 781 人
第二十届	1972 年	德国慕尼黑	121 个国家和地区,7147 名运动员	
第二十一届	1976 年	加拿大蒙特利尔	88 个国家和地区,6189 名运动员	

续表

届次	举办时间	举办地点	参赛国家/地区数和运动员人数	奥运记事
第二十二届	1980 年	苏联莫斯科	81 个国家和地区,5872 名运动员	
第二十三届	1984 年	美国洛杉矶	140 个国家和地区,7616 名运动员	许海峰在射击项目获得中国第一枚奥运金牌
第二十四届	1988 年	韩国汉城（今首尔）	160 个国家和地区,9417 名运动员	
第二十五届	1992 年	西班牙巴塞罗那	169 个国家和地区,10563 名运动员	
第二十六届	1996 年	美国亚特兰大	197 个国家和地区,10332 名运动员	
第二十七届	2000 年	澳大利亚悉尼	199 个国家和地区,10651 名运动员	21 世纪第一次奥运会
第二十八届	2004 年	希腊雅典	201 个国家和地区,10625 名运动员	
第二十九届	2008 年	中国北京	204 个国家和地区,10078 名运动员	中国主办的第一次奥运会
第三十届	2012 年	英国伦敦	204 个国家和地区,10500 名运动员	伦敦主办的第三次奥运会
第三十一届	2016 年	巴西里约热内卢	205 个国家及地区,11303 名运动员	第一个承办奥运会的南美洲国家

资料来源:刘伉编著《世界综合地图集》,星球地图出版社,2017。

第二节　健康

健康完整的含义包含三方面的内容,并不仅是通常所指的身体完好没有疾病。根据世界卫生组织(World Health Organization,简称 WHO)对健康的解释,健康是指一个人在生理、心理和社会适应上的完好状态,这是现代对健康较为完整科学的定义。

健康主要由三部分组成，即生理健康、心理健康和社会适应健康。

世界卫生组织会徽

生理健康：个体身体完整，各个器官、关节、脏器、机体各系统等处于良好状态，没有出现功能障碍，机体运行完好。生理健康是心理健康的物质基础。

心理健康：具有较好的自控能力，且能保持心理上的平衡，能自尊、自爱、自信而且有自知之明，积极向上。心理健康是生理健康的精神支柱。

社会适应健康：健康的社会适应要求个人能够轻松容易地融入各种环境，与不同的人相处融洽，能够很好地处理和不同人的关系。社会适应健康是生理和心理都健康的情况下主导的良好结果。

健康的三个部分是一个有机的整体，相互影响，相互作用。生理健康是心理健康的物质基础，心理健康又是生理健康的精神支柱。身体和心理是紧密依存的两个因子，良好的情绪可以使生理功能处于最佳状态，反之则会降低或破坏机体功能而引起疾病。同时，生理和心理的健康情况又影响着社会适应健康，个体良好的生理状态和心理素质往往体现出良好的社会适应能力，良好的人际关系使人身心愉悦，利于中学生生理和心理健康发展。

另外，现在很多专家认为，健康还应该增加“道德健康”部分作为对健康概念的补充。

一、健康的一般标准

1. 健康十项标准

1978 年，世界卫生组织公布其关于健康十项标准的解释，如下所示。

①精力充沛，能从容不迫地应付日常生活和工作的压力。

②处事乐观，态度积极，乐于承担任务，不挑剔。

③善于休息，睡眠良好。

④应变能力强，能适应各种环境变化。

⑤对一般感冒和传染病有一定的抵抗力。

⑥体重适当，体态均匀，身体各部位比例协调。

⑦眼睛明亮，反应敏锐，眼睑不发炎。

⑧牙齿洁白，无缺损，无疼痛感，牙龈颜色正常，无出血现象。

⑨头发有光泽，无头屑。

⑩肌肤有光泽，有弹性，走路轻松，有活力。

2. 健康计算公式

$$健康状况=\frac{健康}{疾病}=\frac{情绪稳定+运动适量+饮食合理+科学的休息}{懒惰+嗜烟+嗜酒}$$

以上公式说明，情绪稳定、运动适量、饮食合理、科学的休息是有益于健康的几个关键要素，公式中分子越大身体越健康，分母越大则身体越差。

3. 体重指数计算公式(BMI)

$$体重指数(BMI)=实际体重(kg)\div[身高(m)]^2$$①

按照WHO的BMI指数评定标准，BMI不到18.5，偏瘦；介于18.5和24.9之间，正常；大于等于25.0，超重；介于25.0和29.9之间，偏胖。

二、基本的体格检查

1. 形态检查

体格检查中的形态检查主要包括脊柱形态、胸廓形态、双腿形态、双足形态、体重等指标的检查。

脊柱形态主要检查脊柱是否呈"C"型或"S"型。检查方法：人体在直立时，用一条系着重锤的绳子贴紧脊柱，若所有棘突都与绳子保持一致，说明脊柱没有弯曲；若绳子出现偏移，且偏移距离大于0.5 cm则表明脊柱有弯曲，可能呈"C"型或"S"型。

胸廓的形态检查是体格检查的重要项目，主要筛查中学生是否存在鸡胸、扁平胸、桶状胸、漏斗胸等病态胸廓。正常人的胸廓前后径和横径的比例根据不同年龄有所差异：婴幼儿时期，胸廓前后径和横径的比例约为1∶1；到了青年时期，胸廓前

---

① 该公式只能说明体重和身高的一般关系，不能作为相关疾病判定的唯一依据，需要根据自身情况由医疗机构做出具体的病理报告。

后径和横径的比例约为3∶4，发育病态的胸型可能表现为鸡胸状、扁平状、桶状和漏斗状。鸡胸的胸骨向前隆起畸形，形状如鸡胸和鸽子胸；扁平胸的胸廓前后径和横径的比例大于3∶4；桶状胸前后径加大，与横径的比例接近1∶1；漏斗胸前胸部呈凹陷状。

腿型检查是检查人体双腿并拢后是否存在“O”或“X”形态。两腿靠拢时，测量两腿之间的距离，距离小于等于1.5 cm则为正常，超过1.5 cm就是“O”型腿。大腿和小腿出现较大空隙，膝关节能够并拢，为“X”型腿。

足型检查主要检查足弓的高度，着重检查扁平足。扁平足是指足弓高度过低或没有足弓的足型。检查方法一般采用足印法，检查者的脚在白纸上印上足印，根据足印的情况来判断是否为扁平足。测量足印空白最宽处与最窄处的比例，比例大为正常足型，比例相等为轻度扁平足，比例小为轻中度扁平足，印记没有空白为重度扁平足。

体重检查是体格检查的一项重要内容，主要是看体重与身高的比例是否合理，一般用体重指数表示，分为正常、偏重、偏轻三种类型。

世界卫生组织于1988年发布了关于成年人的BMI分级标准，如表1－2所示。不久后，我国相关领域的研究人员结合我国国民的情况提出了肥胖诊断的标准和建议，如表1－3所示。

表1－2　WHO根据BMI对体重的分级以及对伴发病危险性的评估

分级	BMI/(kg/m²)		伴发病的危险性
	适用于西方国家	适用于亚太地区	
正常范围	18.5～24.9	18.5～22.9	平均水平
超重	25.0～29.9	23.0～24.9	上升
Ⅰ度肥胖	30.0～34.9	25.0～29.9	中等
Ⅱ度肥胖	35.0～39.9	≥30.0	严重
Ⅲ度肥胖	≥40.0		极为严重

表1－3　中国肥胖工作组关于体重诊断的建议

分级	BMI/(kg/m²)	共患病危险度
正常范围	18.5～23.9	平均水平
超重	24.0～27.9	增高
肥胖	≥28.0	严重增高

2. 心血管功能检查

检查心血管功能是掌握心血管系统功能是否正常的重要手段和途径，主要检查心脏有无杂音、心脏是否肥大，以及通过心电图运动试验、台阶试验等来评定心血管系统的功能。

心脏杂音是指在心音与额外心音之外，心脏在收缩或舒张时血液在心脏或血管内产生湍流所致的室壁、瓣膜或血管振动发出的不正常声音。杂音可能与心音完全分开，亦可能与心音相连或同时，甚至完全掩盖心音。杂音发生在舒张期，表示心脏可能发生了器质性病变；杂音发生在收缩期，一般分为生理性和病理性两种。心脏杂音用听诊器可以听到，同时也可以用心音图记录，杂音在心音图上是一组历时较长、频率不一、振幅不同的混合振动。

心脏大小与人体的身高和体重有关，它的体积与我们的拳头大小一般，在 X 光片下，可以看到心脏在胸部中间偏左的位置。正常的心脏宽度为胸腔宽度的 50% 以下（心肺的比例）。心脏肥大是指心脏的体积由于多种因素比正常人偏大，心脏肥大可分为心扩大和心肥大两种。心扩大是指心脏的腔室空间增大，但是腔室壁的厚度没有变厚，甚至有可能变薄的状况。这种状况一般是心脏肌肉的弹力减弱，导致血流量和压力增大而引起的，致使心脏空间增大。心脏肥大是由于心脏腔室的厚度增大，使心脏的体积增大，但是心脏腔室的空间并没有增加反而变小。心脏肥大一般采用心电图和胸部 X 光摄影，以及心脏超声波的方式诊断。

心肌缺血一般通过运动或其他方式给心脏施加负荷，增加心肌耗氧量，诱发心肌缺血，以辅助临床对相应症状做出诊断。这种通过运动增加心脏负荷而诱发心肌缺血，从而出现缺血性心电图改变的试验方法，就是心电图运动试验。心电图运动试验是心电图负荷试验中最常用的一种，故又称作心电图运动负荷试验，它是目前诊断冠心病最常用的辅助手段，同时也对诊断缺血性心脏病有重要的应用价值。这种实验常采用的方法是二级梯运动试验、活动平板试验和踏车运动试验，在运动中观察心电图和血压的变化，并做好记录。

常用的测试方法为台阶试验。测试者左右腿轮换在台阶上踏跳以测试心肺功能的适应水平，这个试验对于不同身体条件的人都适用，并能在很短的时间内完成。男性测试者使用的台阶高度一般为 40 cm，女性测试者使用的台阶高度一般为 35 cm，台阶高度也可以根据男女身高的不同进行适当的调整。测试时节奏为每分钟上下踏跳 30 次，共 3 min，所以需要测试者 2 s 上、下各踏跳一次。每次上下台阶时上体和双腿都必须伸直，不能屈膝。测试后，应立即坐下，并测量运动后

1 ~ 1.5 min、2 ~ 2.5 min、3 ~ 3.5 min 等 3 个恢复期的心率。然后根据台阶试验评定指数计算公式计算出指数。

$$评定指数 = \frac{台阶运动持续时间(s) \times 100}{2 \times (3\ 个恢复期心率之和)}$$

《国家学生体质健康标准》规定的评定指数参考标准如表 1 – 4 所示。中学生不同年级男女生的参考标准有所不同，详见“附录三：全国中学生体质测试项目评分标准”。

表 1 – 4　18 ~ 25 岁年龄段台阶测试的参考性标准

评定指数		参考分数/分	评定等级
男	女		
45.0 ~ 48.5	44.6 ~ 48.5	1	差
48.6 ~ 53.5	48.6 ~ 53.2	2	较差
53.6 ~ 62.4	53.3 ~ 62.4	3	一般
62.5 ~ 70.8	62.5 ~ 70.2	4	较强
>70.9	>70.3	5	强

3. 肺功能检查

肺功能检查是体检中一项重要的检查项目，是呼吸系统检查的重要途径。体格检查中肺部功能检查主要检查肺通气功能、肺换气功能、呼吸调节功能及肺循环功能等。肺通气和肺换气功能的检查主要通过检测肺活量大小来判定，肺的呼吸调节功能和肺循环功能通过肺功能测试仪或者运动试验来判定。部分肺功能检查常见指标及临床意义详见表 1 – 5。

表 1 – 5　部分肺功能检查常见指标及临床意义

检测项目	正常值	说明	医学意义
一秒用力呼气量	男：3.18 L ± 0.12 L 女：2.31 L ± 0.05 L	一秒用力呼出量为在深吸气末以最快速度用力呼出的气量	正常者一秒用力呼出量 = 用力肺活量。在有气道阻塞时，一秒用力呼出量 < 用力肺活量，阻塞性通气障碍时一秒用力呼出量下降、呼出时间延长，限制性通气障碍时则呼出时间提前。一秒用力呼出量和用力肺活量预计值比值可反映通气障碍的类型和程度

续表

检测项目	正常值	说明	医学意义
最大中期呼气流速与最大中期流速时间	男:3.369 L/s 女:2.887 L/s	肺功能检查指测定肺活量的气体用最快速度呼出的能力,在临床上最常使用,也是敏感简便的最佳通气指标	将其所用时间称为最大中期流速时间,简称MMFR。正常人0.5秒左右。MMFR意义与FEV1.0%意义相同但更加敏感、准确。"MET"(能量代谢当量)的优越性在于不受性别、年龄、身高等影响。延长(超过0.5秒)程度标志阻塞性通气障碍严重程度,如肺气肿
用力肺活量(FVC)	男:3.179 L+0.117 L 女:2.314 L+0.048 L	用力肺活量(FVC)也称时间肺活量。该指标是指将测定肺活量的气体用最快速呼出的能力	实际上常用第一秒肺活量占整个肺活量百分比表示,称"1秒率"。大于80%为正常,低于80%表明气道阻塞性通气障碍的存在,如哮喘。医学上还用低于80%及60%评判支气管哮喘发病的轻重程度
每分钟最大通气量(MVV)	男:104 L+2.71 L 女:82.5 L+2.17 L	受检查者按每秒一次,以最大最快速度呼吸12次气量再乘以5测得	本项检查实质是通气储备能力试验,用以衡量胸廓肺组织弹性、气道阻力、呼吸肌力量。医学上多用实测值与理论预计值的比例来表示其大小。大于80%为正常,低于60%说明通气储备能力降低
每分钟肺泡通气量(VA)	4.2 L左右	每分钟肺泡通气量才是有效通气量。由潮气量(VT)减去生理无效腔量(VD),再乘以呼吸频率	需和其他肺功能检查综合判断
每分钟静息通气量(VE)	男:6.663 L+0.2 L 女:4.217 L+0.16 L	VE为潮气量(VT)与呼吸频率(每分钟呼吸次数)的乘积	低于3 L表示通气不足,高于10 L为通气过度。应当注意,此项数值正常并不等于呼吸功能正常

续表

检测项目	正常值	说明	医学意义
肺容量测定（静态肺容量）	潮气容量（VT）:500 mL 补吸气量（IRV）: 男:2.16 L左右 女:1.5 L左右	潮气容量（VT）是指平静呼吸时，进入肺内的气体量。补吸气量（IRV）:指平静吸气后再用力吸入的最大气量	医学上以肺活量实际测定值占理论预计值百分比表示，低于80%为异常。患有胸畸形、胸肺扩张受限、气道阻塞、肺损伤、慢性气管炎、肺气肿、肺炎等疾病时，肺活量均降低。如肺活量、肺总量同时降低，多表示通气量减少。健康人随年龄增加，肺泡老化，因弹性减退而扩张，残气、功能残气量相应增加。如两者同时异常增加则表示气道阻塞性通气不良，如慢性阻塞性肺气肿
肺活量（VC）	男:3.47 L 女:2.44 L	肺活量为深吸气末尽力呼出的气量	肺活量减少可能出现各种肺实质病变，如肺气肿、胸膜病变、胸廓畸形、呼吸肌无力或麻痹等。肺活量受年龄、性别、身长、体表面积等的影响，故应以预计值百分率作为指标来判断。正常人群为（100±20）%，小于80%表示肺活量减少
肺总量（TLC）	男:5.09 L±0.87 L 女:4.00 L±0.83 L	肺总量为深吸气后肺内所含的气体总量，即等于肺活量加残气量	肺总量增加可能导致肺气肿、老年肺，肺总量降低可能导致限制性通气障碍，出现的各种情况，使肺总量明显降低。注意:肺总量正常不一定代表肺功能正常，因肺活量和残气量的增减可互相弥补
残气量/肺总量比值	男:0.307 女:0.29	残气量为深呼气后残留在肺内的气量	残气量及肺总量明显增加，提示慢性阻塞性通气障碍，如肺气肿、肺心病等。残气量/肺总量比值与年龄有关，随年龄增长而增加，老年人可达0.50
一秒用力呼出量/用力肺活量比值（FVB）	大于0.80	一秒用力呼出量为深吸气末以最快速度用力呼出的气量	正常者一秒用力呼出量=用力肺活量。在有气道阻塞时，一秒用力呼出量<用力肺活量，阻塞性通气障碍时一秒用力呼出量下降、呼出时间延长，限制性通气障碍时则呼出时间提前。一秒用力呼出量和用力肺活量预计值比值可反映通气障碍的类型和程度

第三节　体育与健康的关系

体育和健康关系密切，两者相互促进，同时也相互影响。合理的体育锻炼对人体健康起着积极作用，不科学、不合理的体育锻炼可能损害健康；健康的体魄同时又促进体育运动的不断发展，是参与体育锻炼的前提和保障。

一、体育对健康的积极作用

体育的基本手段就是身体练习。体育的健身功能体现了体育运动对健康的积极意义，适当、适量的体育运动对人体健康有促进作用，可以强健体魄，增强机体对疾病的抵御能力。实践证明，经常参加体育锻炼的人要比不喜欢运动的人更能抵御疾病的侵扰，同时体育还具有治疗或缓解部分疾病的作用，如积极运动有助于心血管疾病、肥胖症、一些关节病、运动系统病等病症的预防和治疗，所以积极参加体育锻炼可以使人避免许多疾病的困扰。

参与和观赏体育活动、体育游戏还能让人身心愉悦，能够培养其积极向上和抗挫折的心态，促进中学生心理的健康发展。另外，参加集体或组队才能完成的体育活动时，有利于建立良好的人际关系，培养中学生与人沟通、与人合作的社交能力，使其能够与周围环境融洽相处，所以体育运动让中学生的社会适应能力得到了提升。

二、体育对健康的消极影响

适量、适当的体育运动对健康有促进作用，让个体健康发展，但是过量、不恰当、不符合运动规律的体育锻炼行为将会给机体健康带来消极影响。体育对健康的消极影响主要是由过度训练引起的，主要表现为对个体生理健康的影响，进而影响个体的心理健康和社会适应健康。

中学生进行过量、不恰当、不符合运动规律的体育锻炼行为不仅影响其运动能力，严重时可能损坏其心血管系统、运动系统、免疫系统，甚至造成其他系统的功能紊乱，引起严重的健康问题。过度训练可能造成机体的过度消耗，导致体内重要生化物质大量代谢，甚至缺乏，从而引起机体功能紊乱。同时，强度过大的运动引起的疲劳可能影响中学生锻炼的心情，使他们消极训练，产生运动懈怠，对体育锻炼失去兴趣，等等，引发中学生心理健康问题。

三、健康对体育的影响

体育是身体的活动，健康的身体为完成各种体育活动创造了条件。体育锻炼使中学生拥有强壮、结实的体魄，也使中学生拥有愉悦的心情，让中学生与不同环境融洽相处，这将直接影响到中学生参与运动的积极性，促使其想要通过积极参与体育活动促进体育运动的发展。另外，锻炼使参与者拥有强健的身体后，他们才能更好地参与社会中各种体力活动，更好地完成各项工作；同时，当人拥有健康的状态时，就会保持这种状态，这样就促使其积极地参与体育锻炼。所以健康的体魄对体育的发展有一定的促进作用。

思考与提高

1. 什么是体育？简述体育的分类。
2. 健康的定义是什么？它包含了哪些方面的内容？
3. 体育和健康有哪些重要联系？
4. 运用健康的标准和健康计算公式检测一下自己的健康情况。
5. 收集有关北京奥运会的影像、图片等，并与同学分享。

第二章 运动与保健

内容提要

运动和保健联系密切，运动是保障机体健康的一个重要手段，同时也是维持健康最安全的一种方式。体育运动能从根本上增强机体的各项功能，使身体各项功能运行正常，让机体处于一个稳定和谐的健康状态，避免了运用药物使机体保持健康可能导致的风险。本章主要介绍了运动的多种保健功能和运动对健康的不同影响，同时也对一些不良行为对健康的损害进行了描述，告诫人们在生活中应避免可能损害健康的不良行为和生活方式，保持自身健康。

第一节　良好的锻炼行为增进健康

大量事实证明，合理的体育锻炼对人体健康起着积极作用，对改善中学生体质、缓解学习压力、增进同学之间的情感有较好效果。在日常的体育锻炼和运动训练中，只有遵循体育运动的规律、科学合理地锻炼，才能对健康和运动能力产生良好的作用和效果。

一、合理运动增进健康

合理的体育运动对保障中学生的健康具有积极作用。体育运动是以身体练习为手段的行为，合理的体育锻炼能够强健体魄、预防疾病、促进营养吸收、增强抵抗外力冲击能力等。

身体在完成运动时，并不只是某一个器官在工作，而是多种器官协同配合，因此体育运动会让身体所有器官的功能得到锻炼，为机体的稳定和健康提供保障。所以在平常生活中，我们应该积极地进行合理的体育锻炼，以保障机体的健康。

体育锻炼有利于机体各个系统的发展，中学生经常开展锻炼能够改善和增强肌肉、呼吸、心血管等功能，同时增强和提高神经系统、免疫系统等的适应协调能力，有利于改善亚健康体质。适当的体育锻炼能够使人体的形态结构、生理功能、运动能力等达到一个良好的状态，进而使人充满精力，提高生活和工作质量。另外，经常参与体育锻炼对某些疾病可以起到预防、治疗的作用，比如练习气功、太极、五禽戏(虎、鹿、熊、猿、鸟五种动物)、瑜伽等对肥胖、心血管方面的疾病有较好的预防和治疗效果。

另外，经常参加体育锻炼可以培养中学生良好的心理素质，如乐观积极的心态、坚强的意志、良好的抗挫折能力等，还可以消除悲观、焦虑、抑郁、恐惧、悲痛等负面情绪的影响。体育运动让中学生拥有团结协作、积极进取和不断超越的积极心理，同时有利于使中学生树立自信，培养其坚持不懈、不轻易放弃的精神，形成开朗、乐观的性格。积极、乐观的情绪，是获得健康、幸福和成功的动力，可以使人充满生机。

积极参加体育锻炼，能增强中学生的自信心，塑造良好的人格品质，培养活泼开朗的性格，从而促使其更好地适应环境、融入社会，与周围的人和环境和谐相处。

组队参与体育活动，可以让中学生的群体适应性和与人合作的能力得到培养和提高。体育活动中，有许多项目都需要团队协作，只有大家相互协作、相互配合、团结一致才能更好地完成，从而取得游戏或比赛的胜利。所以，体育运动对培养和提高人的社会适应能力具有积极作用。

二、适量运动的强度标准

适量运动的强度是指根据运动者个体的身体状况、场地、器材、时间、气候条件等因素选择合适的运动项目，使运动负荷不超过个体能够承受的限度。事实证明，科学地、合理地、适量地参与体育运动，可以强健身体、促进健康，而缺乏运动和过度训练将会引起机体的诸多健康问题。

通常用心率作为运动强度的量化指标。研究发现，运动时心率在 120 次/分以下，机体的血压、血液、尿蛋白和心电图等指标均无明显变化，故健身效果不大；施加心率为 140 次/分的运动负荷时，心脏每搏输出量接近最佳状态，健身效果明显；心率为 150 次/分时，心脏每搏输出量最大，健身效果最好；心率在 160 ~ 170 次/分时，虽无不良的异常反应，但也未出现更好的健身迹象；而心率达到 180 次/分时，体内免疫球蛋白减少，易感染疾病，并易产生疲劳或运动伤病。

因此，一般认为运动时的心率最好不要超过 180 次/分，应当控制在 120 ~ 150 次/分之间，上限为安全界线，下限为显效界线。此时身体各方面表现良好，最有利于运动健身，中学生在这个强度下运动后，机体基本无不良反应，只是略感疲劳，但身体能很快恢复到原有甚至更佳的状态，同时情绪和食欲良好，睡眠质量高，醒后精力充沛，精神状态好。当然，如果运动时达到合适的心率，但是持续时间短、练习频率低，同样也起不到良好的锻炼健身效果。只有运动时不仅心率达到要求，同时又能够保持较长时间的持续运动，最后还能够坚持经常运动，这样才能更好地锻炼身体，达到强健身体的目的。所以中学生在日常锻炼中只有将平均心率保持在 120 ~ 150 次/分之间，并能持续锻炼 20 ~ 60 min，且每周坚持 3 ~ 5 次时，才能得到理想的锻炼效果，才有利于机体变得更加健康、强壮。

三、坚持体育锻炼的益处

大量研究和实践表明，合理必要的体育锻炼，对运动者有如下的好处。

①减少过早死亡。

②减少因心血管疾病而导致的死亡。全世界有约1/3的死亡由心血管疾病引起。

③预防和减少糖尿病的发生。

④减少50%心脏病和直肠癌发病的危险性。

⑤预防和减少高血压病的发生。(全世界1/5的人受此病困扰)

⑥预防和减少骨质疏松症的发生。

⑦促进骨骼发育,使青少年长高。

⑧促进心理健康,预防和减少心理疾病的发生。

⑨预防不良习惯的形成。如吸烟、喝酒、暴食等。

⑩能够控制体重,与久坐少动的人相比,可减少肥胖50%的发生率。

⑪强健筋骨、肌肉和关节,增强对外界伤害的抵御能力。

⑫帮助减轻疼痛,如背部疼痛和膝疼痛。

第二节　不良行为影响健康

影响身体健康的因素很多,有增进和提高机体健康的因素,当然也有破坏生理平衡、损害健康的因素。其中运动缺乏、运动过量、暴饮暴食、吸烟酗酒等行为会对健康造成不良的影响,甚至可能给健康带来严重后果,造成不可逆的伤害。因此想要获得健康,就应当杜绝和避免不良的生活习惯和错误的体育锻炼行为。

一、运动缺乏与过度训练对健康的影响

大量实验和运动经验证明,运动负荷是影响健康的关键因素。适量的运动将促进机体健康,过量运动和运动缺乏则会损害健康或引发一些健康问题。

运动缺乏指日常生活中由于自身或其他原因,很少参与体育运动或不参与体育运动的不良现象,一般包括久坐不动、缺乏对机体必要的运动刺激、少运动或不运动。现在的中学生由于学业压力较大,为了完成学业任务,经常在教室坐着不动,同时由于电子产品的普遍使用,不少中学生课后的娱乐方式往往都是玩手机等电子产品,另外不少中学生存在懒惰和怕吃苦等不良心理,不愿意参加体育锻炼,这些都是中学生缺乏运动的主要表现。通常认为,每周低于3次合理的运动,且每次运动少于10 min则可认定为运动缺乏。长期缺乏运动会导致机体新陈代谢减

慢，功能减弱，主要会对心血管系统、呼吸系统、运动系统、消化系统等造成不良影响，致使这些系统的功能降低，甚至引起功能性障碍。运动缺乏引起的心肌泵血量减少，血液运送能力降低使机体供能不足，血液更新缓慢，代谢功能降低，肺功能受到影响，呼吸摄氧能力降低，从而引起供氧不足；导致骨骼和骨骼肌发育不良，影响身高增长和运动能力提升；消化系统功能降低，造成消化不充分，影响营养物质的吸收，导致消化道疾病，造成肥胖；等等。

过度训练是指运动参与者长时间反复进行高强度的体育运动，其运动强度接近甚至超过身体本身能够承受的限度从而引起身体病理反应的现象。过度训练破坏了运动者机体的生化平衡，从而造成机体损伤，研究发现，运动时的心率超过 180 次/分时，会损害人体健康。过度训练这一现象在专业运动员身上或军事训练中较为常见，他们的共同特点就是运动强度大，持续时间长。过度训练使运动者感觉身体极度疲惫，出现浑身乏力、尿血等症状，严重者可能导致机体生理平衡失调、代谢功能紊乱、免疫系统功能下降、抵抗力降低，甚至引发猝死或休克，所以中学生应当科学合理地参与体育锻炼，避免过度训练对自身造成损害。

二、不良饮食行为影响健康

饮食行为是人类获得营养和能量的主要活动，但是不良的饮食习惯，易导致营养不良或营养过剩。随着社会经济的发展，中学生可选择的食物众多，厌食、偏食、挑食的现象较为普遍，这样就导致许多学生摄入的营养单一或不足，引发诸如营养不良、发育迟缓、身体素质差等健康问题。同时，现在食物越来越多元化、精细化，越来越多的中学生因为暴饮暴食而引发营养过剩，而这些疾病从而导致肥胖、消化不良、高血压、冠心病等各种疾病，使自身处于亚健康状态。它们被许多专家学者称为“现代病”或“富贵病”。

不良的饮食行为主要有饮食过多过量、食物摄入不足、厌食、偏食、挑食、进食不规律、膳食营养搭配不均衡以及食物加工过于精细等。

日常饮食应当遵循“早餐吃好，午餐吃饱，晚餐吃少”的原则，科学合理地进餐，这样才有利于中学生的健康。

三、吸烟对健康的危害

吸烟是世界上公认的危害人类健康的危险行为。吸烟会对人体健康造成严重

威胁，引起多种严重疾病，甚至威胁生命。研究发现，烟叶里的烟碱(尼古丁)对人体危害非常大，1 g 烟碱能毒死 300 只兔子或 500 只老鼠，如果给人注射 50 mg 烟碱，就会致死。①

中学生处于青春期，正值身体快速发育的时期，吸烟将对中学生的身体健康严重不良影响，比如影响骨骼发育，导致生长发育迟缓、损害大脑发育；引起记忆力衰退、破坏肺功能，导致呼吸系统疾病，等等。但是，部分中学生在好奇、耍酷等心理的驱使下，很容易染上吸烟的陋习，以至于成瘾后难以自拔，严重损害其身心健康。那么中学生为什么会对香烟产生依赖呢？这是因为吸食香烟会让人上瘾，我们称之为烟瘾。烟瘾是由于吸食香烟及类烟制品，使大脑对香烟燃烧过后产生的尼古丁等有害物质产生依赖，如果不及时吸食香烟及类烟制品就会出现无精打采、犯困、烦躁、机体无力等症状，长此以往就让人对香烟产生依赖，而且吸食越久对它的依赖就越强，吸食量也越大，逐渐成为烟草的"奴隶"。尼古丁是一种高致病的危险物质，能够促进儿茶酚胺②的释放，提高心血管的兴奋性，导致高血压的发生；尼古丁还能影响血脂代谢，使血液中血脂浓度增高，导致出现动脉硬化和血栓等危险。

吸烟对人体造成的严重危害如下。

第一，引起肺部疾病。香烟燃烧时会释放有毒化学物质，其中有害成分主要有焦油、一氧化碳、尼古丁、二噁英和刺激性烟雾等。焦油对口腔、喉部、气管、肺部均有损害。烟草烟雾中的焦油沉积在肺部绒毛上，破坏绒毛功能，使痰量增加，导致支气管发生慢性病变，气管炎、肺气肿、肺心病、肺癌便会随之产生。据统计，吸烟的人 60 岁以后患肺部疾病的比例为 74%，而不吸烟的人仅为 4%。

第二，导致心血管疾病的发生。香烟中的一氧化碳极易与血红蛋白结合，使血液中的氧气含量减少，造成高血压等疾病。吸烟使冠状动脉血管收缩，使供血量减少或阻塞，造成心肌梗死。吸烟可使肾上腺素增加，引起心跳加快、心脏负荷加重，影响血液循环而导致心脑血管疾病、糖尿病、猝死综合征，以及呼吸功能下降、中风等 20 多种疾病的发生。

---

① 王芬：《吸烟是导致肺癌的首要危险因素》，http://health.people.com.cn/nl/2018/0531/C14739-30025946.html，访问日期：2021 年 2 月 26 日。

② 儿茶酚胺是一种神经类物质，能够使人心率加快、毛细血管扩张等。

第三，吸烟能致癌。研究发现，吸烟是产生自由基①最快最多的活动，每吸食一口香烟至少会产生10万个自由基，从而导致癌症和许多慢性病的发生。英国牛津提德克里夫医院对3.5万名吸烟者进行了长达50年的研究并得出结论，结果显示，肺癌、胃癌、胰腺癌、膀胱癌、肝癌、口腔癌、鼻窦癌等11种癌症与吸烟显著相关，所以戒烟要越早越好。

第四，吸烟降低机体免疫力。吸烟会使人体淋巴细胞的活性降低，导致人体对感冒病毒的抵抗力下降，这就是吸烟的人容易感冒的原因。

第五，吸烟还会导致骨质疏松，使更年期提早来临。

第六，吸烟可使男性丧失性功能和生育能力。孕妇吸烟可导致胎儿早产及体重不足，流产概率增高。

第七，吸烟使牙齿变黄，容易口臭。

第八，吸烟危害智力。吸烟可使人的注意力受到影响。对于吸烟可以提神、消除疲劳、触发灵感的说法，都毫无科学依据。实验证明，吸烟会严重影响人的智力、记忆力，从而降低工作和学习效率。

目前，中国有53%左右的儿童被动吸烟，这种情况危害相当大。儿童吸食二手烟极易患肺炎、支气管炎、重症哮喘、智力发育迟缓以及其他严重疾病。这种情况如果持续下去，将严重影响我国儿童的智力和身体发育，吸烟的家庭、个人可能会为此付出极大的代价。

吸烟有百害而无一利，害人害己，被动吸烟的人受到的危害是吸烟人的5倍。点燃的香烟就是自己燃烧着的生命，为了自己和家人的健康，应禁止吸烟、拒绝吸烟、尽早戒烟，营造一个清新健康的环境，不让自己成为香烟的奴隶。因此，中学生应远离烟草，禁止吸烟，积极参与锻炼，养成健康的生活习惯。

四、饮酒对健康的危害

目前，不少中学生由于心智不够成熟，效仿成年人尝试饮酒，最后对自己的身心造成不良后果。饮酒对处于青春发育时期的中学生危害很大，主要体现在以下几个方面。

第一，饮酒会对中学生的肝脏造成损害。肝脏是人体的“解毒工厂”，酒精会

① 机体内的自由基具有强氧化性，会损害机体的组织和细胞，可引起慢性疾病及衰老效应。

通过肝脏进行代谢。对处于发育中的中学生来说,饮酒对肝脏的损害是巨大的。

第二,饮酒会对中学生的胰脏造成严重损害。中学生的胰脏处于发育中,酒精容易引起胰脏发炎,导致胰岛素分泌障碍,从而引发糖尿病。

第三,饮酒还会影响中学生大脑发育。中学生大脑发育尚未健全,饮酒极易造成记忆力低下、智力降低等。

第四,饮酒对中学生的最大伤害是对中枢神经的损害。酒精会刺激中学生发育中的中枢神经,引起头晕、呕吐、思维紊乱、呼吸困难、精神亢奋等不良后果,同时还会造成视神经的损害,引起视力下降,导致近视等。

第五,中学生饮酒极易引起性早熟,诱发过早衰老,同时酒精对精子和卵子具有毒害作用,会导致不育不孕。

如果中学生养成了经常性饮酒的陋习,将会产生对酒精的依赖,形成酒瘾。酒瘾患者不能控制自己的行为,可能导致其不择手段、不计后果、不分场合的表达对酒的需要。这样可能对社会造成严重的危害,最终让自己养成酗酒的恶习。而酗酒极容易引起酒精中毒,甚至造成死亡。

酗酒的危害很大。首先,对饮酒者自身的健康危害较大,可能引发多种疾病。长期过量饮酒会损害肝脏和心脏功能,使肝功能减退、造成酒精肝或肝硬化以致发展为肝癌,也会使心脏负荷增大,长此以往容易引发心脑血管方面的疾病,发生卒中的可能性加大;一次性大量饮酒可能造成酒精中毒,甚至死亡;饮酒上瘾的人醉酒后还可能产生幻觉,引起自杀或伤害他人。其次,醉酒者可能对社会造成严重的影响,醉酒的人神志不清,容易产生幻觉,情绪易失控,从而扰乱社会秩序,造成公共或个人财产的损失,如醉驾对社会的严重危害、醉酒后闹事引发的群体性伤害事件等。

中学生处于青春发育阶段,身体发育尚不成熟,同时缺乏有效的自制力和较强的判断力,过早、过量饮酒会使机体发育不良,损害大脑、心脏、肝脏等身体器官,从而导致记忆力下降,身体抵抗力变差,不仅影响学业,也会给自己带来较多的健康问题。

知识拓展

酒量大小与什么有关?

酒量的大小因人而异,不是因为你的身体越强壮或者越胖就一定能喝很多酒,酒量就大。酒量的大小是由人体代谢酒精能力的强弱所决定的,酒精的代谢主要是在肝脏里进行，肝脏通过释放解酒酶（乙醇脱氢酶和乙醛脱氢酶，人体内这两种酶的含量一般是先天决定的）和酒精进行反应，从而将其分解消耗，最终转化为水和二氧化碳。

乙醇脱氢酶在每个人体内的含量基本一样，而乙醛脱氢酶则有少部分人含量较高。乙醇脱氢酶将酒精中的部分氢原子脱掉生成乙醛，然后将产生的乙醛中的氢原子脱掉生成水和二氧化碳，排出体外，起到解酒的作用。乙醛会使末梢血管扩张充血，如果乙醛脱氢酶不能及时将乙醛转化为水和二氧化碳的话，就会造成酒精代谢障碍，使人面红耳赤，通常人们所说的“喝酒上脸”就是由于酒精代谢障碍引起的。所以酒量的大小是与生俱来的，由遗传决定，基本不能通过练习增大酒量。

五、生活不规律引起的健康问题

生活不规律是指作息时间混乱，工作、生活和学习时间安排不合理，没有良好的生物钟习惯和较固定的生活节奏的行为。研究表明，规律的生活是长寿的一个重要原因。现代生活的节奏快、工作压力大等因素是导致生活不规律的主要原因。不规律的生活主要表现为作息时间、生物钟紊乱，白天黑夜颠倒，通宵加班或娱乐，等等。不规律的生活可能引起精神不振、内分泌紊乱、免疫力下降、猝死等健康问题。据统计，记者、作家、经常上夜班的人群、不分昼夜玩游戏的人群等生活不规律的人群发生猝死的概率最高。所以保持有规律的生活，同时积极参与体育锻炼能够使人变得更加健康，从而有效地避免或减少许多疾病的发生，使机体处于一个稳定、良好的状态。

中学生学业压力大，经常“挑灯夜战”学习到深夜，不会劳逸结合，容易引发健康问题。另外，由于手机等电子产品的普及，很多同学玩手机到深夜，甚至通宵玩耍，这种行为会严重影响中学生的身体健康。所以应当督促中学生杜绝不健康的行为，养成规律的学习生活习惯，促进自身健康，完成学业。

第三节　体育锻炼提高中学生抵御疾病的能力

体育的基本手段是身体练习，目的是增强体质，所以科学的体育锻炼能够使中学生增强体质、强健体魄、增进身体机能，从而增强对疾病的抵抗能力，使中学生减少甚至免于疾病侵扰。体育锻炼增强人体抵抗疾病的能力是最终增强机体所有系

统功能的良好结果，包括对运动系统、呼吸系统、供能系统、心血管系统、消化系统、免疫系统等功能的增强。

一、体育锻炼增强运动系统功能

运动系统主要由骨骼肌、骨骼和骨关节组成，体育锻炼对运动系统的影响主要表现为对骨骼肌、骨骼和骨关节的影响。

中学生参加适量必要的体育锻炼可以促进其骨骼肌的发育，影响骨骼肌的力量和反应速度等属性，使人更加健壮有力量。体育锻炼还能够增强中学生肌肉糖原的储备能力，肌糖原有助于中学生运动能力的提高。相反，如果缺乏必要的体育锻炼，可能导致骨骼肌发育不良，造成肌肉萎缩变小、肌肉收缩无力等肌肉功能衰退的情况，特别是在青少年时期，更应该注重体育锻炼，降低骨骼肌发育不良的风险。

适当的体育运动可以有效地增强骨骼对钙、铁等营养元素的吸收，促进骨骼的发育，从而使身体长高长壮。缺乏必要的体育运动将会导致骨骼营养不良，使骨骼发育迟缓，以至于不能够适应身体重量的增加，引起骨骼的畸形。另外，缺乏运动会增加患侏儒症等疾病的概率。所以参加适当的体育锻炼能够使运动系统变得更强，增强对疾病的抵御能力。适当的体育锻炼还可以增强关节的稳固性，又可以提高关节的灵活性。

通过体育锻炼，增强肌肉力量和骨骼强度，提高关节的灵活性，可以提高运动系统的抗击打、抗撞击、抗扭伤等能力，能有效地预防中学生运动损伤和运动伤害的发生。

二、体育锻炼增强呼吸系统功能

呼吸为机体运动提供氧气，为运动中能量的供应提供保障，对中学生运动能力的发展起着重要作用。在运动过程中，人的呼吸会加强加快，变得急促，加大肺通气量和氧供给，长期通过这种刺激使之产生机能应激反应，能够促使中学生的肺功能增强、肺活量增加、肺泡与氧气结合的能力增强等，使机体能够适应不同强度的运动负荷，同时适应在不同环境下的体育活动。

另外，体育锻炼能够促使呼吸肌功能得到增强。中学生长期坚持体育运动对其呼吸肌功能有明显的促进作用，可以使呼吸肌的收缩变得强劲有力。呼吸肌功能的强弱直接影响着呼吸的深度和频率。同时,通过不断地对呼吸道进行刺激,可以使呼吸道机能得到提高和增强,还能增强呼吸肌机能和对吸入氧气的利用效率,提高呼吸系统功能,从而有效地预防和避免呼吸道疾病的发生。

三、体育锻炼增强供能系统功能

运动对供能系统的功能有较大促进作用,运动通过对机体能量供应机制的不断刺激来达到增强供能系统功能的目的。适量运动能够增进机体无氧代谢和有氧代谢的能力,提高机体利用能量的效率,同时提高机体分解能量物质产生三磷酸腺苷①(ATP)的能力。

进行强度较大、速度较快的运动练习时,机体无氧代谢供能系统能够得到锻炼,长期练习能够使机体提高对ATP的储存能力,从而增强无氧代谢系统的供能能力。做强度较低、时间较长的运动时,能够动员体内有氧代谢和无氧代谢供能系统同时参与供能,长此以往能够提高它们分解供能的速率和效率,从而使两个供能系统的功能得到提高。同时,加强这种刺激还能够有效地改善机体在一些恶劣条件下的呼吸供氧、供能的能力。

供能系统功能的增强和改善有助于中学生运动后机体的快速恢复,也有利于运动损伤发生后的快速痊愈。

四、体育锻炼增强心血管系统功能

运动能够提高机体代谢速率,增强心脏收缩力,增大每搏输出量,促进血管扩张,加快血液循环,增强血液携带能力,保证中学生运动时的能量供给和代谢产生的垃圾及时排出体外,保持机体各个系统的活力。比如,强大的血液携带能力能够将中学生运动后产生的乳酸等代谢产物迅速排出体外,减少和避免运动后肌肉酸痛现象的发生,让身体能够正常运转,减少或消除对中学生身体的伤害。

适当运动能够提高血液循环和新陈代谢的速率,长期的运动刺激能够使心血管功能得到增强,增强心脏搏动力量,增大心脏的每搏输出量,同时增强血管壁对较大压力的承受能力。心血管功能的增强能够很好地预防由于血液流动不畅和携带能力不强所引起的诸多疾病,如强烈的高原反应、心脏泵血不足、血栓、血液流动不畅引起的冻疮等。

---

① 三磷酸腺苷是体内组织细胞一切生命活动所需能量的直接来源。

五、体育锻炼增强消化系统功能

消化系统为机体各项活动提供能量和营养，是保障中学生健康成长的重要系统，它的功能强弱将直接影响到机体能量和营养的供应。适当的体育运动能够加强肠胃蠕动，促进能源物质的消化和消耗，提升消化系统的消化速率，长期施以适宜的刺激能够使消化系统功能得到改善和增强。

中学生消化系统功能的增强，能够将运动后消化代谢产生的毒素、垃圾和废物等有害物质及时排出体外，减少它们在体内停留的时间，有效地避免由于积食、宿便、宿尿等原因引起的疾病。同时，中学生参与体育运动时消化道蠕动加快，促进体内的食物快速、彻底地消化分解，释放充足的能量，减少能量过剩给健康带来的影响，能够很好地防止肥胖及其他一些与能量过剩相关的疾病。所以积极进行体育锻炼，能够有效增强消化系统功能，为避免许多疾病的发生创造了条件。

六、体育锻炼增强免疫系统功能

免疫系统是人体的保护伞，它为人体建立起一条抵御病毒和细菌的长城，保护人体免于病菌的侵扰，它包括免疫器官、免疫细胞，以及一些免疫分子。适量的体育运动能够使身体的各个器官系统都活跃起来，特别是运动系统、呼吸系统、心血管系统、免疫系统等，使机体处于一个良性循环的完好状态。

中学生在运动时新陈代谢加快，使血液、呼吸、免疫器官、免疫细胞活动加强，动员和生成新免疫细胞的速率加快，这样就能够迅速有效地将入侵机体的病毒、细菌等有害物质杀死并及时排出体外，保持机体的健康状态。因此，中学生进行适当、必要的体育运动能够使免疫系统处于较活跃的状态，增强该系统的活力，对疾病有较强的免疫能力。总之，中学生加强体育锻炼，能够有效地减少和避免病痛的发生。

知识拓展

人体免疫系统

人体的免疫系统是抵御病菌侵扰人体引起疾病的一个保卫系统，主要由免疫器官（淋巴结、骨髓、脾脏、扁桃体、阑尾等）和免疫细胞（淋巴细胞、吞噬细胞等），以及一些免疫分子（免疫球蛋白、干扰素、白细胞介素等细胞因子）组成。人体的免疫系统分为固有免疫和适应性免疫，适应性免疫又分为体液免疫和细胞免疫。

固有免疫是指机体在发育和进化过程中形成的天然的免疫功能,是出生后就具有的非特异性免疫能力,也称非特异性免疫;适应性免疫是机体在后天的发育过程中,为适应生存环境,在遭到某种外来物种侵扰时而产生的一种抵御行为,适应性免疫的抗体一般从外界摄入,使机体具有免疫功能,预防接种就是一个有效的途径。

免疫系统对人体的健康起着十分重要的作用。正常情况下,免疫系统能够将入侵人体的病毒和细菌杀死、吞噬并排出体外,同时免疫细胞还会记住该病毒、细菌的特征,对其形成固有的记忆,并生成相应的免疫细胞,如果以后再遇到该病毒或细菌,免疫系统将十分迅速做出反应,将它们消灭清除。

另外,有很多疾病(如 HIV、乙肝、天花、脑膜炎等)的免疫细胞机体自身不具备,这就需要机体从外界获得对这些疾病的免疫能力,我们可以通过提前接种相应的疫苗对它们进行免疫,以免造成严重后果。所以我们要积极地接种疫苗,保卫健康。

思考与提高

1. 坚持体育锻炼有哪些好处?
2. 谈谈自己运动后的感受。
3. 举例说说生活中有哪些不健康的行为。
4. 结合自身情况想一想,自己如何才能生活得更健康?
5. 向身边的人宣传吸烟和饮酒的危害,劝他们尽早戒烟戒酒,享受健康。

第三章 运动与营养

内容提要

营养是机体一切活动的重要前提和保障，是保证机体完整且能够正常运转的物质基础。如果人体所需最基本的营养不能得到满足，机体将出现各种功能紊乱，发生病理反应等，所以机体的营养供给十分重要，要保证机体的营养供应和摄入，以保持机体健康。本章将对人体活动中所需要的营养物质进行分类介绍，主要分为六节，前五节介绍了宏量营养素、微量营养素（维生素、矿物质）、食用纤维素和水在人体活动的生理功能、缺乏症，以及如何摄取等内容，第六节则是结合前面五节的内容，对中学生饮食营养的合理搭配提出一些方案，供大家参考。

第一节　宏量营养素

宏量营养素是为人体提供能量、营养且参与机体构成的大分子物质，主要包括碳水化合物（糖）、脂肪和蛋白质三种，是人体正常新陈代谢的保障和基础。其中碳水化合物是机体的直接能量来源，脂肪是人体的能量储备，蛋白质则是生命的基础，也是机体能量来源之一。

一、碳水化合物（糖）

日常生活中，我们通常称碳水化合物为“糖”。碳水化合物由C（碳）、H（氢）、O（氧）三种元素组成，分子中H和O的比例通常为2∶1，其化学结构通式为$C_m(H_2O)_n$。碳水化合物是生命体细胞结构的主要成分，也是人体主要的供能物质，同时还具有调节细胞活动的重要功能。机体中碳水化合物主要有三种存在形式，即葡萄糖、糖原（肝糖原和肌糖原）和含糖的复合物。碳水化合物的生理功能与摄入食物中碳水化合物的种类和其在机体内存在的形式有关。

膳食碳水化合物是人体获取能量最经济、最主要的来源。碳水化合物是构成机体组织的重要物质，参与细胞的组成和体内多种活动。此外，糖类物质还有节约蛋白质、抗生酮、解毒（碳水化合物为解毒环节提供葡萄糖醛酸）、促进运动后机体快速复原和增强肠道功能的作用。同时，机体的糖储备是影响运动耐久度的重要因素，研究证明，糖的储备和运动能力呈正相关。在体育运动中，糖类物质是最容易被机体利用的能量物质，也是最容易分解的能量物质。不论是低强度运动还是较大强度运动，糖类物质消耗的比例最大。

中国营养学会建议，一般人群碳水化合物日摄入量应占总能量的55%～65%，参与运动的同学应当适当增加占比。① 我们平时的食物几乎都含有糖，通过合理膳食能够获得足够的糖。体内游离的葡萄糖可以通过分解食物获取，或者通过直接注射葡萄糖的方式获取。体内的糖原是机体将游离的葡萄糖或其他能源物质通过一系列生化反应转化而成的，其他形态的含糖复合物存在于细胞和其他组织里面。

适量摄入碳水化合物，为大脑和运动系统提供能量，有助于中学生从容应对日

① 张钧、张蕴琨：《运动营养学》，高等教育出版社，2010，第4－16页。

常繁重的学习和活动，能更好地完成学习任务。但要特别注意不要过量摄入碳水化合物，以免引发因能量过剩导致的疾病。

二、脂肪

脂肪是机体主要的营养物质，是运动时能量的重要来源之一，是油、脂肪、类脂的总称。食物中的油脂主要是油和脂肪。通常把常温下呈液体的称作油，呈固体的称作脂肪。脂肪所含的化学元素主要是 C(碳)、H(氢)、O(氧)，部分还含有 N(氮)、P(磷)等元素。脂肪普遍存在植物体和动物体内。植物含有的脂肪一般呈液态，为不饱和脂肪酸，如大豆油、菜籽油、花椒油、芝麻油等；动物体内的脂肪一般呈固态，为饱和脂肪酸，普遍存在于皮下组织、大肠、细胞膜、细胞核等处。

动物体内的脂肪主要用于保暖、调节体温、分解释放热量、运动时供能等，对运动的作用体现在长时间较大强度的有氧运动。研究表明，当运动强度为 25% $(VO_2)_{max}$(最大摄氧量)时，脂肪组织分解提供能量最多，并随着强度的增大而呈减少趋势。骨骼肌在达到 65% $(VO_2)_{max}$ 时，体内消耗脂肪供能最多，在 85% $(VO_2)_{max}$时，呈现减少趋势，此时主要由糖分解供能。

中国营养学会建议每日膳食中由油脂供给的能量占总能量的比例：儿童少年为 25% ~30%，成年人以 20% ~25% 为宜，一般不超过 30%。胆固醇的每日摄入量应在 300 mg 以下。每天所摄入的脂类中，应有一定比例的不饱和脂肪酸，一般认为必需脂肪酸的摄入应不少于总能量的 3%。运动员的脂肪摄入量应占摄取总能量的 25% ~30%，游泳和滑雪运动员可以适当增加，约为 35%。①

日常生活中，中学生特别是女生往往偏食瘦肉，厌食肥肉，这样可能会引起摄入营养不均衡，从而引发健康问题。也就是说膳食中应当适当地摄入脂肪，以保证机体合理的营养摄入。

三、蛋白质

鲜豆腐

蛋白质(protein)是组成人体一切细胞、组织的重要成分，是生命的物质基础，主要由 C(碳)、H(氢)、O(氧)、N(氮)元素构成，蛋白质约占人体全部质量的

① 姚鸿恩：《体育保健学》，高等教育出版社，2006，第 35 - 74 页。

18%。机体的一切生化反应都需要蛋白质的参与才能顺利完成，其与生命现象息息相关。

蛋白质是生命的物质基础，是有机大分子，是构成细胞的基本有机物，是生命活动的承担者，没有蛋白质就没有生命。蛋白质由氨基酸（amino acid）按不同顺序排列而成，氨基酸是与生命及各种生命活动紧密联系在一起的物质，蛋白质因组成它的氨基酸的排列顺序不同而具有不同功能。人体内蛋白质的种类很多，性质、功能各异，但都是由20多种氨基酸按不同比例和顺序组合而成的，并在体内不断进行代谢更新。蛋白质在调节机体各种生理功能中起着不可替代的作用，如血红蛋白、免疫蛋白，参与体内生化反应的各种酶在肌肉活动中也起着重要作用。

蛋白质普遍存在于植物和动物体内，植物蛋白在大豆、面粉（小麦）、大米等物质中含量较丰富，动物蛋白则主要存在于动物的肌肉（瘦肉）、内脏、奶制品、禽蛋等处。每天正常人每千克体重需要0.8 g蛋白质，运动员有所增加，需要1.2～1.7 g。每日膳食中应多食用豆类、谷类等食物，增加机体对植物蛋白的摄取，食用动物的瘦肉、内脏、奶制品等，保证机体对动物蛋白的补充。

蛋白质对中学生的成长发育起着重要作用，中学生应当注重日常膳食中蛋白质的含量，杜绝挑食、偏食等不良习惯，以确保机体摄入足够的蛋白质。另外，部分对蛋白质过敏的同学应当在医生的指导下合理摄入蛋白质。

知识拓展

肥胖的成因

肥胖是机体脂肪堆积所造成的，能量过剩是导致脂肪堆积的主要原因。人体每天摄入的糖、蛋白质、脂肪等能源物质，如果在满足机体正常能量供给后还不能完全代谢，机体就会将剩余的能量以多种形式储存起来，其中最主要的两种形式就是糖原和脂肪，若长期保持能量过剩的状态，将会使皮下脂肪堆积过多、过厚，从而出现肥胖。

能量过剩的原因主要有：摄入能量过多、缺乏适当运动消耗、病理性原因等。平时不注意饮食，暴饮暴食，摄入过多的碳水化合物或脂肪等能量物质，机体不能够将其完全代谢消耗，以至于剩余的能量物质在体内转化堆积易造成肥胖；缺乏适当的体育运动也是引起肥胖的重要原因。随着现代人们的物质生活水平不断提高，每日摄入的食物中能量含量较高，同时，由于没有适当地进行体育运动或者运动强度不够，从而导致能量物质不能完全消耗，也易引起肥胖。病理性肥胖主要是因为机体内能源物质的分解代谢途径发生了病变，如胆囊分泌胆汁不足等，使能源物质不能被充分消耗，特别是体内脂肪的消耗，造成脂肪等能源物质堆积，导致肥胖。

在生活中只要注意合理饮食，并适当地参加体育锻炼，就能够很好地避免肥胖的发生。

第二节　部分必需维生素

维生素是维持机体正常代谢和保持机体某些特殊生理功能正常运转不能缺少的微量有机物质，几乎体内所有代谢反应都有维生素的参与，其功能因其理化结构的不同而有所不同。体内生理反应对它们的需求量很少，但却不能缺少，每天必须从食物中摄取。如果机体维生素摄入不足，可能导致体内某些生化反应不能正常进行，造成机体局部或整体功能障碍甚至引起严重后果。所以每天必须保证基本的维生素摄入，以保持机体健康运转。

一、维生素 A 和维生素 A 原（类胡萝卜素）

维生素 A（本文所说的维生素 A 其实是维生素 A_1，因与临床联系最大的是维生素 A_1，故本书称为维生素 A）是一种脂溶性维生素，化学式为 $C_{20}H_{30}O$，又称视黄醇，是最早被人类发现的维生素。维生素 A 有两种存在形式：一种是维生素 A 醇，是维生素 A 的最初形态（只存在于动物体内）；另一种是维生素 A 原——类胡萝卜素，是在动物体内转变为维生素 A 的预成物（普遍存在于植物体内）。

1. 维生素 A 的生理功能

①参与视网膜相关物质（主要指视紫红质）的合成和再生，维持眼睛的正常暗适应能力和正常的视觉。

②参与上皮细胞与黏膜细胞中糖蛋白的合成，维持上皮细胞的正常结构和功能。

③免疫球蛋白是糖蛋白，维生素 A 可促进免疫球蛋白的合成，增强机体的免疫能力。

④促进蛋白质在机体内的合成，促进骨骼细胞的有机分化，维持骨骼的正常生长发育。

⑤促使和控制表皮细胞的正常分化，防止其癌变。

2. 维生素 A 缺乏症

维生素 A 缺乏首先表现为出现暗适应能力降低，进一步发展将形成夜盲症；结膜角化，泪腺分泌减少，形成眼干燥症，进一步发展将出现角膜穿孔、失明等严重后果；汗腺萎缩、皮肤干燥粗糙、毛发干枯脱落、记忆力减退、心情烦躁；味觉、嗅觉减弱，食欲下降，易发生呼吸道感染；骨骼发育受阻，免疫力下降，同时影响生殖功能。

3. 维生素 A 过量症

摄入维生素 A 过多主要的表征为厌食、烦躁、过度激动、骨痛（常发生于长骨和四肢骨）、局部软组织肿胀、肌肉僵硬、皮肤瘙痒、毛发蓬松稀疏、头晕头痛、唇和口角皲裂等。

4. 维生素 A 的来源

维生素 A 普遍存在于动物和植物体内。其中维生素 A 醇只存在动物体内，动物的肝脏、鱼肝油、奶类、蛋类和鱼卵含量较高；而维生素 A 原则主要存在于植物体内，其中红色、橙黄色、深绿色的植物中含量丰富，如蔬菜中的胡萝卜、牛皮菜、西兰花、菠菜、苋菜、山药、莴笋、豌豆苗、西红柿、红心甜薯、青椒、南瓜等，水果中的苹果、梨、枇杷、桂圆、西瓜、樱桃等。

5. 维生素 A 摄入量的标准①

婴幼儿与儿童根据年龄段不同，日推荐摄入量在 200 ~ 750 μg② 视黄醇当量（1 μg维生素 A = 1 μg 视黄醇当量）之间；从少年一直到老年日摄入量为 800 μg 视黄醇当量；孕妇摄入量应有所增加，为 1 000 μg 视黄醇当量/日，哺乳期应摄入 1 200 μg视黄醇当量/日。

二、维生素 B_1

维生素 B_1，化学式为 $C_{12}H_{17}ClN_4OS$，是人体内不可缺少的重要微量元素之一，又称硫胺素、抗神经炎维生素等，易溶于水，在阳光下容易分解，在碱性溶液中容易变质，但在酸性溶液中比较稳定。

---

① 姚鸿恩：《体育保健学》，第 35 – 74 页。

② $1\mu g = 10^{-6}g$。

1. 维生素 B_1 的生理功能

①能有效减轻晕车、晕机、晕船的症状。

②对维持神经系统的正常功能有重要作用,参与人体内神经组织中碳水化合物的生理代谢。

③能抑制胆碱酯酶的活性,促使肠胃的正常蠕动和消化腺的分泌,促进消化。

2. 维生素 B_1 缺乏症

当机体内维生素 B_1 缺乏时,神经组织中的糖代谢首先受到影响,将阻碍糖的分解供能,造成神经组织中的丙酮酸(糖类和大多数氨基酸分解代谢过程中的中间产物)堆积,从而引起多发性神经炎症和脚气。维生素 B_1 少量缺乏时,多表现为乏力疲惫、肌肉酸楚疼痛、食欲低下、体重减轻,若进一步缺乏,机体将感觉异常,如肌肉无力、血压下降、心前区疼痛,严重的将出现水肿、心力衰竭等状况。

3. 维生素 B_1 过量症

研究表明,维生素 B_1 摄入过量可能导致神经过敏、抽搐、头痛、乏力、震颤、神经肌肉麻痹、脉搏加快、周围血管扩张、心律失常、水肿、肝脂肪变性等;若肌肉注射过量还会引发荨麻疹或过敏性休克。

4. 维生素 B_1 的来源

维生素 B_1 普遍存在于动物和植物体内,其中在动物体内主要以 TPP① 的形式存在,广泛分布于骨骼肌、心肌、肝脏、肾脏和脑组织中,在植物体内主要存在于种子的外皮和胚芽中,如米糠和麸皮中含量很丰富,同时在酵母菌中含量也极为丰富。注意在膳食中适当加入动物内脏和植物粗粮有助于人体维生素 B_1 的摄取和吸收。另外,多种维生素 B 族元素同时补充效果更好。

5. 维生素 B_1 摄入量的标准

成人推荐每日摄入量是 1.2 ~ 1.4 mg。妊娠、哺乳期每天摄入量有所增加,为 1.2 ~ 1.5 mg。在生病、生活紧张、接受手术时,要增加用量。

三、烟酸

烟酸,化学式为 $C_6H_5NO_2$,又称维生素 B_3、尼克酸,是人体 13 种必需的维生素

① TPP 是焦磷酸硫胺素的简称,是维生素 B_1 在动物体内的活性衍生物。

之一，是维生素 B 族元素的主要成员。其在人体内主要以烟酰胺的形式存在，烟酰胺是脱氢酶辅酶Ⅰ和辅酶Ⅱ（人体氧化还原反应中重要的载体，主要功能是转移反应过程的 H^+）的重要组成部分，参与体内脂类代谢、呼吸过程和糖类无氧分解的过程。

1. 烟酸的生理功能

①烟酸是脱氢酶辅酶Ⅰ和辅酶Ⅱ的重要组成部分，参与体内氧化反应，传递 H^+。

②帮助脂质、蛋白质、糖类物质的分解代谢，对机体的能量供应起关键作用。

③促进脂肪和蛋白质在机体内的合成。

④维持皮肤、神经、血液循环、消化等系统的正常功能。

⑤预防和治疗癞皮病（糙皮病）。

2. 烟酸缺乏症

烟酸缺乏将引起皮肤、神经、血液循环、消化等系统的功能紊乱，造成癞皮病、痴呆、消化不良、腹泻等病症；少量缺乏主要表现为食欲低下、消化不良、失眠、腹泻、头痛、机体无力、体重减轻等症状；如果不及时补充烟酸，皮肤将出现瘙痒、斑点、局部呈暗褐色、粗糙且有较明显的浮肿，并伴有疱疹等症状。

3. 烟酸引起的不良反应

肾功能正常的情况下，几乎不会发生任何毒性反应。烟酸引起的不良反应的一般表现为感觉温热、皮肤发红（特别在脸面和颈部）、头痛等血管扩张反应；过量摄入可能导致腹泻、头晕、乏力、皮肤干燥瘙痒、眼睛干燥、恶心、呕吐、高血糖、高尿酸、心律不齐、肝功能障碍等不良反应。

4. 烟酸的来源

烟酸普遍存在于动物和植物体内，其中在动物的肝脏、肉类及鸟禽肉中含量较多；植物中含量较高的主要有豆类、花生、玉米等，玉米中的烟酸以化合物的形式存在，在体内经过一系列生化反应转化为烟酸；另外，酵母中烟酸的含量也比较丰富。

5. 烟酸摄入量的标准①

不同年龄段和不同性别每日对烟酸的需求量有所不同。婴幼儿时期的需求量为 5～9 mg，4～6 岁的儿童为 12 mg，7～10 岁的儿童为 13 mg；男性青少年及成人

① 姚鸿恩：《体育保健学》，第 35－74 页。

为 15 ~ 20 mg，女性青少年及成人为 13 ~ 15 mg；孕妇对烟酸的需求有一定程度的增加，为 17 mg，哺乳期为 20 mg。

四、维生素 C

维生素 C 是一种酸性多羟基(又称氢氧基，化学式为 $-OH$)化合物，化学式为 $C_6H_8O_6$，易溶于水和酸性溶液，又名抗坏血酸。维生素 C 在酸性溶液和干燥无光的环境下较稳定。处于较热、露天、碱性和金属离子(Cu^{2+}、Fe^{3+}、Ca^{2+}、K^{+})的环境中时容易被氧化分解。

1. 维生素 C 的生理功能

①促成体内胶原蛋白的合成，使皮肤富有弹性，保护大脑，增强血管壁的韧性，预防维生素 C 缺乏病的发生，促进人体创伤的愈合。

②参与体内氧化还原反应，维持细胞内能量的正常代谢以及调节细胞内的电位平衡。

③还原血液中的三价铁离子，促进人体对铁的吸收，预防和治疗贫血病。

④促进血管内胆固醇的排泄，以防止胆固醇在动脉内壁沉积，形成血栓造成血管堵塞。

⑤是体内的抗氧化剂，能有效地减小自由基对人体的伤害，延缓衰老。

⑥保护牙齿。坚固牙床，以防止牙齿的松动，脱落。

⑦防止癌细胞的分化扩散。维生素 C 抗氧化作用能够有效地阻止自由基对细胞的伤害，防止细胞变异，同时维生素 C 还能阻断硝酸盐在人体内的生化反应，避免癌症的发生。

2. 维生素 C 缺乏症

维生素 C 的摄入不足或缺乏会引起维生素 C 缺乏病，血管壁韧性减小，牙龈肿胀出血，牙齿出现松动甚至脱落；皮肤出现斑点淤血，关节出血形成血肿，便血，月经量过多；影响骨骼的正常钙化，伤口愈合缓慢，机体抵抗力下降，细胞变异风险增大；等等。

3. 维生素 C 过量症

①短期内服用维生素 C 补充品过量，会产生多尿、下痢、皮肤发疹等不良反应。

②长期服用过量维生素 C 补充品，可能导致草酸及尿酸结石。

③儿童生长时期过量服用维生素 C 补充品,容易产生骨骼疾病。

④一次性摄入维生素 C 2 500 mg 以上时,可能会导致红细胞大量破裂,出现溶血等危重现象。

新鲜蔬菜

4. 维生素 C 的来源

维生素 C 在新鲜的蔬菜和水果中含量丰富。水果中以酸枣、山楂、石榴、柿子、橘子、草莓、猕猴桃等的含量较高,蔬菜中以红椒、黄椒、青花菜、辣椒等的含量较多。

5. 维生素 C 摄入量的标准①

维生素 C 每天的摄入量视年龄的不同有所差异。从出生开始到 12 岁左右为 40 mg 左右,其他年龄段皆为 60 mg;孕妇有所增加,为 80 mg,哺乳期为 100 mg。

五、维生素 D

维生素 D 是乃环戊烷多氢菲类化合物②,为固醇类物质的衍生物,是所有具有胆钙化醇生物活性的类固醇的统称,具有抗佝偻病③的功能,又称抗佝偻病维生素。植物中不含维生素 D,但维生素 D 原在动、植物体内都存在。维生素 D 是脂溶性维生素,共有 5 种化合物,其中维生素 D_2 和维生素 D_3 是对人体最重要的 D 族维生素。

1. 维生素 D 的生理功能

①维生素 D 能够调节体内钙、磷的代谢,使钙、磷浓度稳定,同时促进肠胃对钙、磷的吸收,增进骨骼、牙齿的生长发育。

②维生素 D 能降低人体对胰岛素的耐受性。胰岛素耐受性是导致心脏病的主要因素之一,所以补充维生素 D 对心脏病和糖尿病具有一定的治疗作用。

③维生素 D 对调节细胞繁殖起关键作用(癌症患者体内则缺乏这种调控机制),因此,通过防止细胞过度繁殖,维生素 D 就能预防某些癌症。

2. 维生素 D 缺乏症

儿童维生素 D 摄入不足时,易患儿童佝偻病,使得骨骼发育不完全,出现"O"

---

① 姚鸿恩:《体育保健学》,第 35 - 74 页。

② 固醇的基本结构,由三个环己烷和一个环戊烷组合而成。

③ 儿童常患的一种疾病,是由于体内钙摄入不足引起的疾病,通常表现为"O"型腿、鸡胸、方形头等症状。

型腿、鸡胸等;成人维生素D摄入不足时,易患软骨和骨质疏松等疾病。

3. 维生素D过量症

维生素D摄入过多将出现中毒的症状。表现为恶心、呕吐、头痛、食欲低下、口渴、身体低热、瞌睡。体内钙、磷的增加和堆积,造成组织钙化,出现肾脏功能衰竭、血压增高等症状。

4. 维生素D的来源

维生素D在动物体内普遍存在,但是都是以维生素D原的形式存在,紫外线可以使人体内的胆固醇转化为维生素D。所以,多接受阳光照射可以促进机体对维生素D的吸收。富含维生素D的食物有动物的内脏、鱼肝油、各种鱼类、禽蛋类、奶制品等。

鲜奶、鸡蛋及奶制品

5. 维生素D摄入量的标准①

成人日摄入量标准为5 μg,孕妇、乳母、儿童、青少年和老年人日摄入量标准有所增加,为10 μg。

六、维生素E

维生素E,又称生育酚,是一种脂溶性维生素,易溶于脂质类溶液,是人体内的主要抗氧化剂之一,因其分子成分不同,在体内有8种存在形式(4种生育酚和4种生育三烯酚)。维生素E在热和酸性环境中较稳定,但容易与碱和氧发生反应,在空气中能够被缓慢氧化。维生素E对提高生育能力具有重要作用。

1. 维生素E的生理功能

①维生素E具有较强的抗氧化性,能够保持细胞膜的完整,使其功能稳定,防止溶血。

②维生素E具有抗衰老的功效,能够减少皱纹的产生,使人保持青春的容颜。

③维生素E抗氧化性能保护体内其他物质,如维生素A、脂肪酸、ATP等。

④维生素E能降低细胞对氧的消耗,有助于减轻腿部肌肉痉挛和缓解手足僵硬症状。

---

① 姚鸿恩:《体育保健学》,第35–74页。

⑤维生素 E 能防止细胞癌变，使机体具有一定的抗癌能力。

2. 维生素 E 缺乏症

机体缺乏维生素 E 的主要表现：体内自由基消耗减少，致使细胞膜过度氧化，导致皱纹增多，易衰老，出现免疫力下降、机体代谢紊乱、贫血、生育能力降低等症状。

3. 维生素 E 过量症

维生素 E 摄入量过多将引起机体不良反应。研究表明，摄入维生素 E 过多会引起头痛、头晕、眩晕、视力模糊、肌肉衰弱、皮肤皲裂、唇炎、口角炎、荨麻疹；糖尿病或心绞痛症状明显加重；激素代谢紊乱，凝血酶原减少；血液中胆固醇和甘油三酯水平升高等症状。

4. 维生素 E 的来源

维生素 E 广泛存在于自然界中，在植物和动物体内都存在。其中各种植物油、谷物胚芽、大豆、坚果类、绿色蔬菜、面粉、肉、奶制品、蛋类等的含量较丰富。

5. 维生素 E 摄入量的标准①

儿童的日摄入量的标准为 2 ~ 8 μg，青少年和成人的日摄入量标准为 10 μg，孕妇、哺乳期妇女和老人的日摄入量标准为 12 μg。

第三节　部分必需矿物质

矿物质又称无机盐（无机化合物的总称），是人体必需的营养元素，是构成人体组织、维持机体正常生理代谢的重要物质。人体不能自主合成矿物质，只能从外界摄取，然后通过转化成为无机盐储备于体内。人体内的无机盐种类繁多，根据其在体内的含量分为宏量元素和微量元素。宏量元素主要有钙（Ca）、磷（P）、钾（K）、硫（S）、钠（Na）、氯（Cl）、镁（Mg）等，微量元素主要有铁（Fe）、锌（Zn）、硒（Se）、钼（Mo）、氟（F）、铬（Cr）、钴（Co）、碘（I）、镍（Ni）、硅（Si）、锡（Sn）、钒（V）、锰（Mn）、铜（Cu）等。人体对矿物质的需求很少，但是一旦缺乏将引起机体某些功能障碍或病变。

① 姚鸿恩：《体育保健学》，第 35 - 74 页。

一、钙(Ca)的功能与代谢

钙(Ca)是一种银白色晶体状的金属元素,易溶于酸,常温下能与水发生反应。钙是体内的宏量元素,在人体内含量比较多,占人体重量的1.5%~2.0%。钙是构成骨骼和牙齿的主要矿物质。

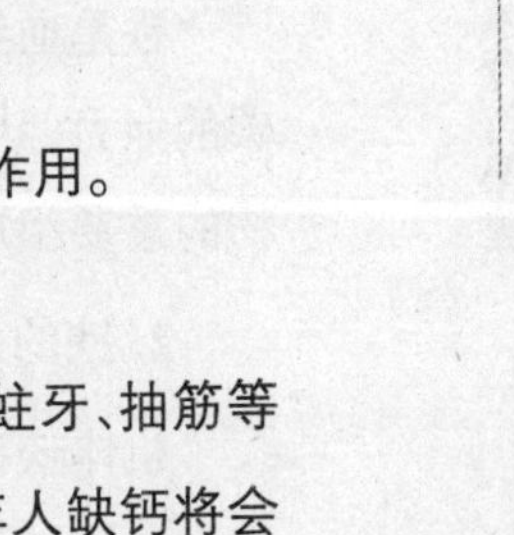

钙

1. 钙的生理功能

①钙是骨骼和牙齿的重要组成部分,占体内钙总量的99%以上。

②青少年合理地摄入钙,能促使身体长高、长壮。

③钙与血液中其他金属离子的比例保持在一定水平,能维持神经、肌肉系统的正常功能。

④钙是血液具有一定凝固性的重要因子之一,能使伤口血液凝固。

⑤钙能促使体内多种酶处于激活状态,对保持酶的活性具有重要作用。

2. 钙缺乏症

人体缺钙将导致腰背酸痛、疲乏、精神不集中、厌食、免疫力降低、蛀牙、抽筋等症状。青少年缺钙将导致骨骼发育不健全,造成佝偻病等疾病;中老年人缺钙将会引起骨质疏松、骨质增生、骨软化、高血压等疾病。

3. 钙过量的危害

①机体对钙的过量摄入将影响机体对其他矿物质的利用和代谢,如影响铁、磷等物质的利用。

②青少年过量地摄入钙,将造成骨骼的过早钙化,影响身高。

③大量的钙在体内沉积,将引起肾结石。

④儿童过量摄入钙,会造成低血压和其他一些心脏方面的疾病。

4. 钙的来源

食物中的钙大量存在于绿色蔬菜和动物的皮、壳、骨头中。虾皮的钙含量十分丰富,同时,牛奶、酸奶、奶酪、泥鳅、河蚌、螺、海带、牡蛎、花生、芝麻酱、豆腐、松子、甘蓝菜、花椰菜、白菜、油菜等食物中钙的含量也比较高。适当的锻炼可以促进机体对钙的吸收和储存。

5. 钙摄入量的标准

钙在人体内的吸收率较低,补充钙时应当适当地加大摄入量,正常情况下成人每天的摄入量为800～1 000 mg,青少年、孕妇和哺乳期妇女应有所增加,1 000～1 200 mg。

二、铁(Fe)的功能与代谢

铁是人体必需的微量金属元素,人体内含有4～5 g,含量最多的是血红蛋白和肌红蛋白。铁在人体内一般是以储存铁和功能铁的形式存在。铁是组成血红蛋白和肌红蛋白的重要元素,还存在于一些酶和免疫细胞中,同时铁还以储存形式存在于肝、脾、骨骼中。血液中的铁,对血液的运氧功能有很大影响,它决定了血液的运氧能力。

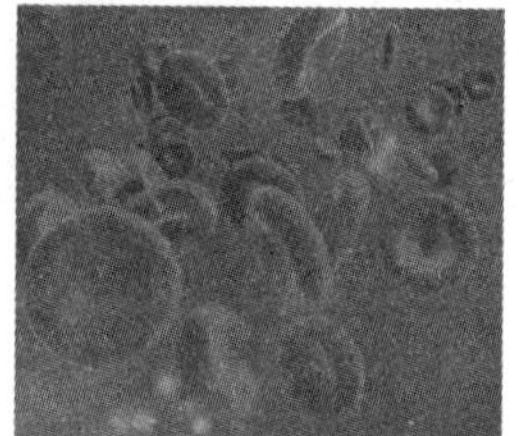

血红蛋白

1. 铁的生理功能

铁是血红蛋白和肌红蛋白的重要组成部分,直接影响着血液运载氧和二氧化碳的能力,从而影响机体的能量代谢。人体内参与氧化还原反应的部分酶及中介物的重要组成部分是铁,如氧化氢酶和细胞色素等。

2. 铁的缺乏症

机体缺铁最主要的表象就是贫血。由于铁的缺乏,血红蛋白不能顺利合成,造成人体缺铁性贫血;体内缺乏铁还将引起一些生化反应障碍,导致机体部分代谢功能不能正常进行;缺铁还将出现食欲下降、恶心、机体无力、肤色苍白等症状。

3. 铁过量的危害

过量摄入铁,铁将在体内大量积累,这样会加重肝、脾等器官的负担,引起这些器官的病变,如肝硬化、心脏病、细胞变异、肿瘤等危重疾病。

4. 铁的来源

铁以血红素铁和非血红素铁的形式存在于动物和植物体内。其中,血红素铁存在于动物体内,在动物的肌肉、内脏、血液中含量较多;植物中只含有非血红素铁,主要在豆类和一些深绿色蔬菜水果中含量丰富。所以在平时的膳食中注意食用动物的内脏(尤其是肝脏)、瘦肉、鱼肉、血液、大豆、新鲜的绿色蔬菜水果等能很好地补充体内的铁元素。

5. 铁摄入量的标准

青少年男生日摄入量标准为16～20 mg,青少年女生为18～25 mg;成年男性为 15 mg，成年女性为 20 mg；老年人为 15 mg；孕妇和哺期妇女为 25～35 mg。

三、锌（Zn）的功能与代谢

锌是一种呈浅灰色的有色金属，是人体必需的微量元素之一。锌在人体的分布较广泛，普遍存在于人体的组织内，总量约 2.5 g。研究发现，锌参与人体大约 50 种酶的合成，对维持机体的功能正常有着积极作用，但人体对锌的吸收能力比较弱，正常情况下只能吸收 30% 左右。

1. 锌的生理功能

①影响细胞的分化、生长和分裂，进而促进生长发育，同时锌还参与了核酸和蛋白质的合成。

②提高和改善味觉敏感度，增进食欲。

③促进伤口的愈合。

④加强对免疫器官的营养供给，增强免疫力，抵御疾病侵扰。

⑤促进男性生殖器官发育。

2. 锌缺乏症

锌摄入不足将影响个体智力和身体的发育，导致出现智力发育迟钝、现身材矮小等情况。锌缺乏还表现为厌食、挑食、患皮肤病（青春痘、痤疮等）、免疫力下降、容易感冒等。若男性的锌摄入不足，将引起男性不育和前列腺等疾病。

3. 锌中毒

锌中毒是指人体吸入或误食大剂量的锌（氧化锌、锌盐等），造成机体的不良反应和相关病症。锌中毒一般表现为头痛、头昏、乏力、大汗、肌肉及关节酸痛、耳鸣、声音嘶哑、胸闷、胸痛、咳嗽等；严重时表现为呼吸急速、脉速、血压升高、瞳孔扩大、肌肉抽搐、昏迷及休克等，甚至死亡。

4. 锌的来源

锌在动物的肝脏和瘦肉中含量较多，尤其在海牡蛎体内含量最为丰富，每 10 g 牡蛎肉中含有超过 10 mg 的锌。另外奶制品、禽蛋、豆类等也含有较多的锌。

5. 锌摄入量的标准①

儿童、青少年每日的摄入量标准为 10～12 mg，成人为 15 mg，孕妇和哺乳期妇女为 20 mg。

四、硒（Se）的功能与代谢

硒是一种非金属化学元素，是人体必需的微量营养素。国内外医药界和营养学界称硒为“生命的火种”，有“长寿元素”“抗癌之王”“心脏守护神”“天然解毒剂”等称呼。硒在人体内含量很少，约千万分之一，但是对人体的健康有着巨大作用，如提高免疫力、防癌、抗癌、延缓衰老等。

1. 硒的生理功能

①硒参与抗氧化酶的合成，对保护细胞膜不被氧化和延缓衰老有重要作用。

②硒是部分功能蛋白的组成部分，有助于提高机体免疫力。

③机体内有充足的硒，可使机体具有抵抗癌症的能力，同时使人免受心血管病、肝病、糖尿病、生殖系统疾病等的影响。

④硒在体内能与汞、铅、铬等重金属发生反应，使这些物质不被吸收而直接排出体外，达到解毒的作用。

2. 硒缺乏症

人体缺硒会导致人体免疫能力下降，临床医学证明，威胁人类健康和生命的四十多种疾病都与硒缺乏有关，如癌症、心血管病、肝病、白内障、胰脏疾病、糖尿病、生殖系统疾病等。

3. 硒过量的危害

机体硒摄入过多将导致皮肤痛觉迟钝、四肢麻木、头昏眼花、食欲不振、头发脱落、指甲变厚、皮疹、皮痒、面色苍白、胃肠功能紊乱、消化不良、呼吸有大蒜味等病症。

4. 硒的来源

动物的内脏（肝、肾等）、肉和许多海产品都含有丰富的硒，另外在禽蛋、食用菌、大蒜、紫薯、西兰花等食物中也含有较多的硒。

---

① 姚鸿恩：《体育保健学》，第 35－74 页。

5. 硒摄入量的标准①

中国营养学会推荐青少年、成人和老年人每日摄入硒的量为 50 ~ 250 μg。

五、碘（I）的功能与代谢

固态碘呈紫黑色，是一种易升华、有强腐蚀性的非金属晶体，是人体内必需的微量元素之一。人体中的碘主要存在于甲状腺中，是甲状腺的重要组成成分，健康成人体内含碘 20 ~ 50 mg。

1. 碘生理功能

碘是甲状腺的主要组成成分，对预防和治疗婴幼儿发育不全、身体矮小、智力发育迟钝，以及大脖子病和呆小症等具有重要作用。

2. 碘缺乏症

人体碘缺乏会引起呆小症和大脖子病等病症。如果孕妇和婴幼儿摄入的碘不足，可能出现婴幼儿智力发育迟缓、身体发育不良、身材矮小等症状。

3. 碘过量的危害

碘过量或超量，可能引起过敏反应、关节疼痛、中毒症状（腹泻、恶心、呕吐等）等。过量摄入碘将造成高碘性甲状腺肿大、孕妇流产、婴幼儿智力低下等严重后果。

4. 碘的来源和补充

碘主要存在于海产品中，如海带、紫菜、海虾、海蟹、海鱼类等。同时我国规定在每克食盐中加入 20 μg 碘，俗称碘盐，以加强我国国民对碘的摄入，预防和减少由于碘缺乏引起的疾病。

5. 碘摄入量的标准

中国营养学会推荐膳食中碘摄入量标准为：婴幼儿为每日 50 μg，儿童为每日 90 ~ 120 μg，成年人为每日 120 μg。

---

① 姚鸿恩：《体育保健学》，第 35 – 74 页。

知识拓展

合理地补充微量营养素

微量营养素是人体需求量很小却又不得不摄入的一系列小分子物质，它们在维持人体代谢正常、保持人体健康方面起着十分重要的作用，所以学会合理地补充微量营养素是保持机体健康的一个必要环节。

一般情况下只要没有不良的饮食习惯，如偏食、挑食、厌食等，几乎所有的微量营养素都能够在我们每天食用的食物中得到补充，但是中国人普遍缺乏铁、锌、硒、碘、维生素 B_1、维生素 B_2、维生素 C 等元素。同时，微量营养素的摄入过多和不足都会引起机体的病理反应，所以要注意摄入的量和合理的搭配。如果出现了微量营养素缺乏症状，要根据不同症状确定是缺乏哪种或哪几种元素，并及时补充，一般情况下同时补充多种微量营养素会更利于机体吸收，但是不能过量摄入。切记食物补充强于药物补充。

第四节　食用纤维素

纤维素(cellulose)是由葡萄糖组成的大分子多糖，不溶于水及一般有机溶剂。纤维素在人体内不会被消化吸收，它是植物细胞的重要组成成分，构成植物细胞的细胞壁。膳食中的纤维素对人体健康有积极作用。

1. 纤维素对人体的作用

纤维素在人体内不被消化和吸收，通过消化道后直接被排出体外。纤维素能增强肠道蠕动，促进消化，有利于排出肠道宿便，预防和治疗便秘，对预防肠癌具有重要作用；纤维素能与体内的 K^+、Na^+ 等金属离子进行交换，从而降低血压；有助于控制体重，达到一定的减肥效果。

2. 纤维素过量摄入的危害

纤维素虽然在人体内不会被吸收，但是过量摄入也会对身体造成一定的损害。大量的纤维素堆积会阻碍机体对矿物质和维生素的吸收，引起腹泻等症状。

3. 纤维素的来源

纤维素只存在于植物内。玉米、糙米、高粱、豆类、各种蔬菜和水果中都含有丰富的纤维素。

知识拓展

使人苗条的纤维素

食用纤维素是一种有机物，是人体不可或缺的营养物质，和水一样不会在人体内分解和提供能量，但是它对保持人体健康起着不可替代的作用。纤维素是人体消化道的“清洁工”，每天打扫我们的肠道，使肠道保持清洁和健康。纤维素在植物性食物中普遍存在。

纤维素能够吸收多余的脂肪，促进肠道的蠕动，将肠道内的垃圾顺利带出体外，避免了肠道脂肪和垃圾的积累，能够很好地防止肠道疾病和控制体重，达到减肥的效果。所以在日常饮食中注重纤维素的摄入，不但能够防止肠道疾病，还能够保持良好的体形。

第五节　水的功能与代谢

水(H_2O)是一种在常温下无色无味透明的液体，是由2个H原子和1个O原子组成的化合物。水是一切生命的源泉，是生命活动的载体，生物体的一切生化反应都必须在水环境中才能进行。人体组成的绝大部分是水，水占人体体重的70%，占大脑的80%，占血液的90%。

1. 水的生理功能

人体中水的生理功能，主要有以下几点。

①水是细胞的主要组成成分，对维持细胞正常代谢具有重要作用。

②水是机体内的一切生化反应的介质，为各种生化反应顺利进行提供保障。

③水是维持人体正常体温的重要物质，汗液排泄可以调节体温。

④水是人体内物质运输的重要工具，对人体运送和吸收营养，以及排泄废物起着关键作用。

⑤水是人体内良好的润滑剂，如眼泪、关节液、唾液等，有滋润皮肤、防止皮肤干燥等功能。

2. 体内缺水的表现

体内缺水表现为机体脱水，可造成体内电解质和水的比例失调，使机体产生功

能障碍。很多情况都可能造成人体的脱水反应，如高温、汗流量大、运动强度过大、运动时间过长、呕吐、腹泻等。脱水的主要表现有口渴、头晕、脸色苍白、尿少、眼干无泪、大便干燥等症状。

3. 人体补水

人体补充水主要通过吸收食物中的水分和直接饮用水摄入。正常情况下人体每天对水的需求量约为 2 500 mL。

第六节 中学生饮食的营养搭配

中学生是一个比较特殊的群体。在这个时期，学生的身体出现第二次高速生长和发育。同时，高中阶段学生的学习任务较为繁重，脑力劳动和体力劳动强度较大，对营养和能量的需求较高，所以科学合理的饮食搭配对中学生身体发育十分重要。

实验证明，如果每日进食三餐，食物中蛋白质的消化吸收率为 85%；如果每日进食两餐，同时每餐各吃全天食物总量的一半，蛋白质消化吸收率仅为 75%。因此，按照我国人民的生活习惯，每日三餐才是比较合理的进餐习惯。每日进餐与身体各个器官的功能息息相关，其中主要对大脑、消化系统、心血管系统、运动系统等有较大影响。

合理膳食

中学生正值青春期，身体处于快速生长的阶段，机体生长需要大量的营养和能量，所以良好的饮食习惯和科学合理的营养搭配很重要。一日三餐是机体营养和能量摄入的关键环节，控制好饮食中营养的搭配，才能保证中学生健康成长，身体良好发育。同时还应当控制好三餐食物的摄入量，早、中、晚三餐的能量分布分别约为 30%、40%、30%，早餐应当有优质奶、蛋、主食、蔬菜等营养较丰富的食物，学生课间加餐可加奶、饼干、面包等。不同营养素在食物中的含量不同(见表 3－1)，可根据需要特别补充。中学生还应当参加适当的体育锻炼，促进营养物质的充分吸收，避免饮食过量而导致肥胖。

中学生饮食应增加以下几种食物的摄入。

①多吃谷物类食物。这些食物是身体能量的主要来源,能够保证身体获得充足能量,每日应食用400~500 g。

②加大优质蛋白质的摄入。每日可吃鱼虾25 g、肉100 g、蛋50 g。蛋白质摄入不足会影响中学生的生长发育,还会影响免疫力与智力的发展。

②需要摄入充足的钙。中学生的骨骼发育迅速,充足的钙能保证骨骼的生长发育,每日喝牛奶250 mL。

④吃海产品以增加碘的摄入,预防青春期甲状腺肿。

⑤女生应当适当补充铁。维生素C可以促进人体对铁的吸收。

⑥加强矿物质和维生素的摄入,每日吃水果100 g、新鲜蔬菜300 g。宜多食牡蛎、贝类等锌、铜含量高的食物,以预防眼睛近视。

中学生活动多,学习负担较重,容易饥饿,最好在三餐外,按实际情况进行加餐,这样既可以缓解饥饿,适量补充能量,也可避免正餐时因饥饿而一次性进食过多。中学生一日食谱案例可见表3-2。

表3-1　不同营养素在食物中的含量对比表

营养素种类	含有量较高的食物
糖类	大米、面粉、各种水果、蔬菜等
蛋白质	精瘦肉、鱼类、禽肉、禽蛋、奶制品、多种豆类等
脂肪	肥肉、动物内脏、奶制品、植物油等
纤维素	各种蔬菜、水果
维生素A	动物肝脏、鱼肝油、奶类、蛋类、鱼卵、多种蔬菜、各种水果等
维生素B_1	动物骨骼肌、心肌、肝脏、肾脏、脑组织,植物种皮等
维生素C	酸枣、山楂、石榴、柿子、橘子、草莓、猕猴桃、红椒、黄椒、青花菜、辣椒等
烟酸(维生素B_3)	动物肝脏、肉类、鸟禽肉、谷物、豆类、花生、玉米等
维生素D	动物内脏、鱼肝油、各种鱼类、禽蛋类、奶制品等
维生素E	植物油、谷物胚芽、大豆、坚果类、绿色蔬菜、面粉、肉、奶制品、禽蛋类等
钙	奶制品、河海产品(虾、牡蛎、河蚌等)、花生、芝麻酱、松子、绿色蔬菜等
铁	动物内脏、瘦肉、鱼肉、血液、大豆、新鲜的绿色蔬菜和水果等
锌	动物内脏、肉类、奶制品、禽蛋、谷物和豆类等
硒	动物的内脏、肉类、海产品、禽蛋、食用菌、大蒜、紫薯、西兰花等
碘	海带、紫菜、海虾、海蟹、海鱼等

表3-2 中学生一日食谱案例①

餐别	食物	数量
早餐	面包片	面粉 100 g
	纯牛奶	牛奶 250 mL
课间餐	鸡蛋糕	面粉 100 g、鸡蛋 50 g、白糖 15 g
	豆浆	豆浆 150 mL、白糖 5 g
午餐	米饭	大米 200 g
	黑木耳炒肉	黑木耳 100 g、猪肉 50 g、植物油 5 g
	炒青菜	青菜 200 g、植物油 5 g
	西红柿鸡蛋汤	鸡蛋 50 g、西红柿 150 g、植物油 2 g
晚餐	稀饭	大米 150 g
	莴笋炒猪肝	猪肝 50 g、莴笋尖 50 g、植物油 5 g
晚餐	炝卷心菜	卷心菜 150 g、干辣椒少量、植物油 5 g
	菠菜鸡血汤	鸡血 50 g、菠菜 50 g、鸡油 2 g
夜餐	水果	柑橘 100 g

该食谱食物种类齐全,能量及大部分营养素数量充足,三餐能量分配合理,是设计较科学合理的营养食谱。而且,谷物类食物摄入充足,保证了能量的供给,同时食用肉食、豆类食品、新鲜蔬菜水果,补充了学生日常所需的维生素及矿物质。

知识拓展

中学生考前一日饮食小常识

第一餐:早餐。

早餐应吃好,切不可空腹,否则容易出现低血糖晕厥现象。吃好早餐可为大脑供给充足的能量,对保持旺盛的精力和较好的考试状态具有重要作用。早餐能量应约占全天饮食总能量的30%。由于早晨起床后,大脑皮层仍处在抑制状态,很多学生食欲较差,进食量少。因此早餐要进食体积小、质量高、热量高、耐饥且又易于消化吸收的食物,如鸡蛋、牛奶、面包、蛋糕、果酱、馒头、大饼或煎馒头片、豆浆、面条、荷包蛋、火腿肠或香肠等。

---

① 全天食盐量控制在8 g以内,其他调味料适量。

第二餐:午餐。

午餐是考生一天中的主餐。午餐饭菜要丰盛,午餐各种营养素含量一般约占全天供给量的40%。上午体内的热量和各种营养消耗很大,午餐应该吃饱吃好,摄入充足的热量和各种营养,应该有谷物类食物、肉类、蔬菜、豆制品,且应有干有稀。

第三餐:晚餐。

晚餐应以谷物类食物和蔬菜为主,口味清淡易于消化,有利于抗疲劳和提神醒脑。晚餐要少食,不宜过饱,以七八成饱为宜,因为晚餐后身体消耗能量较少。有条件的考生,尽量在家里吃晚餐,更加营养健康。

第四餐:夜宵。

考试前,学生大多因复习功课睡得较晚,从晚餐至睡觉,中间有4~5个小时。这段时间里,晚餐所吃的食物已基本被消化,需要适量加以补充。

另外,有些学生念书很累,大脑处于紧张兴奋状态,以至于影响睡眠,故晚间加餐时最好喝一杯牛奶,吃些面包、鸡蛋,既补充了营养,又可起到安神的作用。

思考与提高

1. 人体的营养物质有哪些?
2. 简述营养素对人体的作用。
3. 如何补充人体必需的营养素?
4. 学会观测自己身体的变化,并据此判断缺乏哪些维生素。
5. 根据自己的身体情况,设计一周三餐食谱,以补充缺乏的人体必需的营养素。

第四章　运动与能量

内容提要

人体的任何活动都离不开能量的代谢和消耗，能量是保证人体代谢和运动的基础。ATP是人体能量的最直接来源，而碳水化合物、脂肪和蛋白质是人体内主要的能源物质，它们的分解为人体各种生化反应提供能量，保持机体正常新陈代谢。通常情况下，机体内的能源物质在运动中代谢消耗的顺序首先是碳水化合物，其次是脂肪，最后是蛋白质。本章将对碳水化合物、脂肪和蛋白质这三大能源物质在体内分解供能的方式、特点以及它们如何影响运动等分别进行介绍，让大家对机体供能的机制有所了解，进而在运动中更加合理地进行能量补充和分配，以提高运动成绩，增强运动效果。

第一节　体内能量来源

能量在自然界普遍存在，是保证一切活动能够完成的前提，人类也不例外。在人体内有ATP水解、糖分解、脂肪分解和蛋白质分解等多种供能形式为人体进行各种活动提供能量，能量是人体一切活动的保障。

一、ATP简介

ATP即腺嘌呤核苷三磷酸（简称三磷酸腺苷），是一种不稳定的高能化合物。它是机体一切活动最直接的能量来源，也是其他能源物质供能最终的体现形式。ATP为人体的一切活动直接提供能量，体内的碳水化合物、脂肪和蛋白质等能量物质在体内分解供能时，最终都是通过转化成ATP的形式向机体活动提供能量。ATP由三个磷酸根和一个腺苷（人体内的一种大分子化合物，是能量代谢过程中的重要产物）组成，故又称三磷酸腺苷。ATP的分子组成中有两个高能磷酸键，高能磷酸键（第二个磷酸键）的断裂会产生大量的能量（约10千卡），以此实现对机体活动的能量供应。

ATP为运动供能是一个循环的过程。在实现供能过后生成的ADP（ATP供能后磷酸键断裂的产物）将会和机体内糖、脂肪、蛋白质分解产生的能量结合，重新将磷酸键接上，又生成新的ATP，从而形成ATP循环供能系统。

二、糖分解供能

1. 糖的储存形式

糖是碳水化合物的统称，是人体最主要的能源物质，同时也是人体最经济、动员速度最快的能源物质。糖在体内主要是以糖原（肝糖原、肌糖原）和游离糖的形式存在。体内的游离糖和糖原的合成是一个动态循环的过程，机体可将摄入过多的游离糖合成糖原储存在肝脏和肌肉中，但当机体血糖过低时，糖原又将分解成游离糖为机体供能。

一般情况下肌糖原不会分解，只有在剧烈运动中血糖大量消耗时，肌糖原才会分解。肌糖原不能直接分解成葡萄糖，必须先分解生成乳酸，经血液循环到肝脏后，在肝脏内转变为肝糖原或合成为葡萄糖。

2. 糖的供能机制

人体摄入糖、淀粉等化合物时，机体会通过生化分解将这些糖水解为葡萄糖，因为碳水化合物中只有葡萄糖才能被机体分解供能。葡萄糖为运动供能主要有两种方式：一种是有氧分解，这种方式中葡萄糖被分解形成三羧酸循环，生成 ATP 为机体供能；另一种是无氧分解，也叫糖酵解，在这种方式下葡萄糖分解不完全，生成 ATP 供能，同时产生乳酸，乳酸堆积是运动后肌肉酸痛的主要原因。

三、脂肪供能

1. 脂肪储存和脂肪动员

脂肪是人体储蓄能量最大的能源物质。脂肪分解产生的能量约为相同条件下糖和蛋白质的 2 倍多。脂肪主要储存在皮下组织、大肠、细胞膜、细胞核等处。

脂肪细胞摄取血液中过多的自由脂肪酸，并与细胞中的甘油结合生成甘油三酯储存起来，叫作脂肪储存。当血液中的自由脂肪酸浓度下降时，储存在脂肪细胞中的脂肪又会逐渐分解成脂肪酸和甘油释放到血液中，通过氧化分解供能，这个过程叫作脂肪动员。一般情况下人体脂肪的合成和分解动态是平衡的。

2. 脂肪的供能机制

脂肪分解供能先是启动脂肪动员，产生脂肪酸和甘油进入细胞内，脂肪酸通过氧化分解形成三羧酸循环，同时生成 ATP 为机体供能。脂肪分解供能的过程中必须有氧的参与，通常情况下人体的脂肪不会被消耗殆尽，所以理论上认为脂肪可以为机体无限进行能量供给。

四、蛋白质供能

1. 蛋白质的构成——氨基酸

氨基酸是构成蛋白质的最小单元，它们的不同排列方式和特性直接决定了蛋白质在体内的作用和功能。人体内的氨基酸分为必需氨基酸（赖氨酸、亮氨酸、色氨酸、苯丙氨酸、苏氨酸等）和非必需氨基酸（甘氨酸、酪氨酸、组氨酸、谷氨酸、精氨酸等）两类，共有 20 多种，其中必需氨基酸 8 种，非必需氨基酸 10 余种。必需氨基酸不能在体内合成，必须通过食物蛋白供给；非必需氨基酸则能在体内合成。

蛋白质是构成细胞结构的主要原料，参与人体中的各种代谢，它能调节机体的各种生理功能，是人体必不可少的营养物质之一。蛋白质是由各种氨基酸通过不同的排列方式组成的，氨基酸代谢是蛋白质代谢的基础，因此氨基酸的不同排列方式和特性决定了蛋白质的不同功能。

2. 蛋白质的供能机制

一般情况下，运动中组成机体的蛋白质不会被分解为机体供能，只有在体内糖和脂肪消耗殆尽或是不能正常代谢供能的情况下，机体活动才会动员蛋白质分解供能。

但是食物中的蛋白质是会被分解供能的，而且极易被消化分解，因为蛋白质的结构最不稳定。而且蛋白质分解提供的能量很少，在组成蛋白质的氨基酸中不是所有的都能够分解供能，同时蛋白质在分解过程中还会产生大量的氨。氨是一种有毒物质，会增加机体代谢的负担，氨通过肝脏转化成尿素经肾脏排出体外。如果不及时将氨分解或排出体外，机体可能会出现氨中毒反应。所以运动中不建议采用分解蛋白质为机体供能这一供能形式。

知识拓展

合理的能量供给

运动时不同的项目所需的能量供给方式有所差异，同时我们的食物提供给机体的能量物质不同，分解速率和释放能量的多寡也有所不同。所以我们在平常的运动和训练中要结合不同项目选择相应食物，提供合理、适当的能量，否则就会既造成能量和营养浪费，又达不到预期的效果。

运动时间短、强度大、爆发力强的项目主要是依靠磷酸原系统为机体供应能量。此时机体需要的能量多，释放速度快，应该选择能够增强肌肉力量的食物，如蛋白质含量较高的食物，同时增加多糖类物质，以此提高大脑神经灵活度，增强神经控制和神经传递。

时间长、强度适中并且较稳定的运动项目主要依靠有氧分解供能，这些项目需要能量供给的速率较慢，且供给量较稳定。这类运动我们就应该适当增加体内糖和脂肪的存储量，在日常饮食中多摄入一些碳水化合物和脂类，这样才能够较好地完成该类运动项目。

根据三大能源物质分解的特点，建议大家在进食食物时遵循一定的规律，保证营养充分吸收。比如在进食早餐时,不应该先食用蛋白质含量高的食物,应当最先食用淀粉或含糖量高的食物,使营养物质能够充分被机体吸收,同时也会减小机体的代谢负担。

第二节 运动供能系统

运动供能系统是指人体内能源物质分解为机体活动供给能量的一切生化反应系统,是机体一切活动的能量来源。人体内的供能系统大致分为两类,即无氧供能系统和有氧供能系统。能源物质在没有氧气参与的情况下分解供能称为无氧供能系统,包括磷酸原供能系统和乳酸能供能系统,能源物质在有氧气参与的情况下分解供能的系统称为有氧供能系统。

一、磷酸原供能系统

1. 磷酸原供能系统原理

磷酸原供能系统又叫 ATP - CP 供能系统,CP 是磷酸肌酸的简称。

ATP 在体内生成较多时,会将一部分高能磷酸键转移到肌酸中,形成磷酸肌酸储存起来。该系统是 ATP 中高能磷酸键断裂释放能量后生成 ADP,接着通过 CP 给 ADP 提供高能磷酸键重新组成 ATP 的过程。

男子跳高

2. 磷酸原供能系统对运动的影响

磷酸原供能系统的特点是供能持续时间短(约持续 8 s),供能总量少(420 kJ/kg 湿肌重),动员速度快,过程不需要氧气参与,同时整个代谢过程不产生乳酸、尿素等有害物质。该系统主要影响功率高、时间短和爆发力强的运动项目,如短距离跑、投掷、举重、跳跃等项目。适当提高 CP 的储存,有利于提高短距离跑、投掷、举重、跳跃等项目的运动成绩。

3. 如何增强磷酸原供能系统的功能

磷酸原供能系统的功能强弱主要是取决于体内 ATP - CP 循环的速率,ATP 的原始储存量较少,大约能维持 1 ~3 s,ATP 的再生成能够持续 6 ~8 s。要增强该系统的功能,可以通过长期进行大量大功率、短时间、强爆发力体育项目的锻炼,使机

体 CP 的原始储量有所增加。同时加强 ATP－CP 循环的速率，如长期进行 60 米跑、100 米跑、跳跃、铅球等项目的练习，能够有效地加强磷酸原供能系统的功能。

二、乳酸能供能系统

1. 乳酸能供能系统原理

乳酸能供能系统就是机体内的糖原和葡萄糖在细胞内没有氧参与的情况下分解生成乳酸和 ATP，释放能量的系统（又称糖酵解或无氧供能系统）。此供能系统产生的 ATP 要比磷酸原供能系统多，动员时间约 4 s，持续的时间短，约 3 min，最终的产物是乳酸。

2. 乳酸能供能系统对运动的影响

游泳

乳酸能供能系统的特点是释放能量较多，动员时间较短，持续时间短，因此该供能系统对 400 米跑、800 米跑、100 米游泳等运动项目的影响较大，400 米跑、100 米游泳等项目的运动员有意识地锻炼并提高该供能系统的能力，有助于提高运动成绩。但是，该系统的最终产物是乳酸，乳酸是一种酸度较强的有机酸，在体内积累过多会降低体液的 pH 酸碱度，破坏人体酸碱平衡，从而影响糖的无氧分解过程，减少 ATP 生成，最终制约运动持续能力。运动后出现的肌肉酸痛现象，主要由运动过程中体内乳酸堆积过多而引起。

3. 如何增强乳酸能供能系统的功能

通过长期无氧供能运动项目的训练可有效提高乳酸能供能系统的供能能力。如经常进行 200 米跑、400 米跑、800 米跑、100 米游泳和折返跑等主要依靠乳酸能供能系统供能项目的练习，可以有效提高乳酸能供能系统的功能。通过练习能够使机体逐渐适应乳酸环境，同时还能促进机体对乳酸的代谢和排泄，以减少乳酸堆积对运动的影响。

三、有氧供能系统

1. 有氧供能系统原理

人体内的糖（包括糖原）、脂肪和蛋白质在有氧参与的情况下分解成水、CO_2 和释放能量的过程，叫作有氧供能。这个过程主要是在细胞中的线粒体内进行。一般情况下人体的脂肪不会被消耗殆尽，所以有氧供能系统理论上被认为是一个可以无限供能的系统。

攀岩

有氧供能系统一般发生在磷酸原供能系统和乳酸能供能系统之后，运动约30 min后开始动员该系统供能，该供能系统生成的ATP很多，理论上持续时间是无限的。

2. 有氧供能系统对运动的影响

有氧供能系统是一个分解充分、释放能量大、持续时间长的能量系统。中长跑、球类运动、滑雪、马拉松跑、登山、健美操等耐力性运动项目都主要依靠有氧供能系统供能。通常情况下，进行这类运动的运动员肌肉内的红肌纤维含量较高。该系统分解能源物质过程的产物主要是水和CO_2，几乎不会对运动产生不利影响。所以提高该系统的供能能力，对提高依靠有氧供能系统供能的运动有很大益处。

3. 如何增强有氧供能系统的功能

有氧供能系统是为人体提供能量最多的一个系统，因为人体脂肪储存很多，理论上该系统提供的能量趋于无限，但是该系统必须在有氧的情况下进行。要想增强有氧供能系统的供能能力，需要体内有充足的能量物质，同时血液能够为分解过程提供足够的氧。所以增大机体的摄氧量，加强血液运输氧的能力，摄取充足的糖、脂肪等能量物质，使机体有足够的糖储备和脂肪储备，同时通过长期的有氧运动锻炼，能够有效增强机体有氧供能系统的能力。人体各种强度下的能量消耗具体见表4－1。

表4－1　人体各种强度下的能量消耗①

活动强度	能量消耗
静止(休息)	RMR×1.0
轻微	RMR×1.5
轻	RMR×2.5
中等	RMR×5.0
重	RMR×7.0

① RMR为人体静息代谢率，于1985年由WHO提出并使用。RMR是在人体进食4小时后测试的值。

知识拓展

超量恢复原理

人体在运动后的恢复过程中,体内被消耗的能量物质(ATP、蛋白质、糖和矿物质等)不仅能恢复到运动前的原有水平,而且在一段时间内可能出现超过原有水平的现象,称为超量恢复。超量恢复的生理机制十分复杂,在生理学上主要是由一种刺激与反应的关系而形成的。在一定生理范围内,如果运动强度(刺激)大,会造成能量短缺,而引起相应的反射性能量补充,同时身体其他器官的机能状态也是如此。

恢复过程可简单分为三个阶段。

1. 正在运动时的恢复阶段

运动时人体的能量消耗过程(分解过程)占优势,恢复过程(合成过程)也在进行,只是由于身体运动时间长、强度大,而消耗能量物质较多,身体各器官系统发挥最大的机能能力参与恢复(再合成),也满足不了消耗的需要,造成消耗多于恢复,体内的能量物质不断减少,身体活动的机能能力下降。

2. 运动后的恢复阶段

身体运动停止后能量物质的消耗过程减弱,恢复过程明显占优势,这时各种能源物质和各器官系统的机能能力逐渐恢复到原来(运动前)的水平。

3. 超量恢复阶段

实践证明,人体运动后的能量物质和各器官系统的机能能力,在一段时间内可以超过原来的水平,维持一段时间后又回到原来的水平上。

思考与提高

1. 人体内的能源物质有哪些?
2. 简述机体三大供能系统的供能机制。
3. 结合自己喜爱的运动,给自己日常的饮食做一个计划。

第五章 运动与中学生成长

内容提要

大量的事实证明，积极参加体育锻炼有利于健康，能够促进机体各项功能的良性发展，进而使这些功能得到增强。中学生身体发育速度较快，如果在这个阶段缺乏运动，将影响他们的健康发展，所以体育运动对中学生的发育有着十分重要的意义。本章分四节，讲了运动对中学生身体四个不同的生理系统发育的重要作用，希望通过本章的学习能够提高中学生参与体育运动的意识。

第一节　运动与中学生大脑发育

大脑是人体最重要的器官，是控制和支配身体其他系统有条不紊地开展工作的施令者，是人体的控制中心，犹如计算机的中央处理器。所以促进大脑的健康发育十分重要，特别是在儿童少年时期，是大脑发育的关键期。

运动能够促进中学生的大脑健康快速发育。中学生的身体处于快速生长阶段，体育运动能够让这种发育速度适应生长的需要，同时为大脑的发育提供相应的物质和能量。实验证明，参加适当的运动能够加强身体对各种能量和营养物质的吸收，如维生素、钙、锌、铁等，这些都是身体生长发育不可或缺的物质。另外，运动可以增强心血管系统的能力，能够为大脑发育更好地提供能量，及时带走大脑代谢产生的废物，使大脑健康发育。

灵敏素质是中学生身体素质的重要组成，是在大脑支配下机体快速准确地完成运动中的各种动作的身体素质。体育运动中，突然变换方向、改变空间位置、做出快速反应等的动作很常见，为更好地完成这些运动技术动作（如需要协调、平衡、集中注意力的动作），大脑会快速地下达更加精确、更加合理的指令，提高个体的应变能力，长时间进行这样的锻炼能够刺激大脑神经，增强大脑功能，使人变得更加聪明。所以中学生参加体育运动对其大脑的发育有着积极作用，应当鼓励中学生积极参加体育锻炼。

第二节　运动与中学生神经系统发育

人体神经系统分为中枢神经系统和周围神经系统两部分，中枢神经系统又包括脑和脊髓，周围神经系统包括脑神经和脊神经。神经系统对人体的功能调节起主导作用，是人体各种信号的传输系统，控制着人体的各种反应和感觉，它的功能对中学生的运动系统有很大影响。

运动促进神经系统功能发育，主要体现在中学生完成一系列灵敏、灵活性的体育运动时，比如锻炼我们的反应力、触觉能力、平衡力等。在跑步、游泳、射击等运动中，神经系统的反应速度是十分关键的，有可能在起跑的一瞬间就决定了比赛的结果。

体育运动对神经系统不断地进行应激刺激，能够提高神经系统的兴奋性和灵敏性，使神经的反应速度逐渐提高，进而增强该系统的功能。在中学时期，机体各项功能都处于快速发展状态，适当参加一些灵敏性的体育运动，能够增强神经系统的反应速度，促进其发育。同时，中学生反应速度和平衡能力的增强能够在生活中有效地避免许多意外的发生。

第三节　运动与中学生运动系统发育

运动系统包括骨骼、骨骼肌和骨关节三部分，它决定了机体的运动能力，运动系统发育的好坏直接影响着中学生的运动能力。运动是身体练习，而运动系统是身体练习时最直接参与的功能系统。

中学生在学习和生活中应当经常参加体育锻炼，因为锻炼能够促进骨骼发育，使骨骼变长、变粗，增加骨质密度，使骨骼更加强健坚固，加强骨骼的抗冲击力。

另外，体育锻炼能够促进骨骼肌发育，使骨骼肌肌丝变粗，肌肉的横断面积增大，让肌肉更加有力量，经常锻炼还能加强肌肉的柔韧性。体育锻炼还能促使骨骼肌周围的毛细血管发育，提高骨骼肌的能量供给能力，增强中学生的运动能力。

经常参加体育锻炼还能加强骨关节的稳定性、灵活性以及抗负荷能力。

运动系统功能的增强能够有效避免运动伤害的发生。中学时期是运动系统发育较为关键的时期，这个时期如果不适当参加体育锻炼，将影响机体参与多种运动的能力，致使肌肉力量差、韧带柔韧性差、身体协调性差、机体控制能力差、抗外力冲击能力差等，可能会限制中学生参与很多体育活动。

第四节　体育运动对中学生心理健康的影响

中学生参加体育锻炼，在强健体魄的同时还有助于提高他们的心理健康水平，能够有效地降低中学生心理疾病发生的概率。体育运动能够给人带来快乐，对中学生不良情绪和情感具有调节作用，有助于中学生不良情绪的发泄，避免极端事件发生。体育锻炼能够培养学生的坚强意志品质，体育运动大多都体现了不放弃、坚持到底、勇往直前、吃苦耐劳、团结协作、遵守规则等精神，所以参加锻炼能够培养中学生良好的人格。

体育锻炼使人自信，能够增强中学生的社会适应能力。许多体育运动，比如篮球、排球、足球、接力赛、体育游戏等大多是集体运动(参见表 5－1)，参与者多，并且需要参与者共同努力才能完成，这样一来就让中学生与人交往合作的能力得到了提高，使其与其他人和谐相处，能够更好地融入社会，适应不同的社会环境。

所以，体育锻炼能够使中学生保持心理健康，对抑制中学生心理疾病的发生起着积极的作用，有利于中学生的健康成长。

表 5－1　中学生体育游戏列举

游戏名称	方法与规则	参与人数	所需器材
爱心传递	方法：两人一组，各用一个肩夹住一个气球行进 10 米的路程，与下一组的队员进行接力，先完成的一队胜出 规则：每队需出 12 名队员参加，要求向正前方行进，行进间气球不能落地，完成接力时间短者胜出。如果气球落地，则就地拾起继续进行，如果气球在行进过程中破裂，则判该队输	30 人以上	气球或其他球类若干
并肩协作	方法：5 人一队，排成横排，两人之间最近的腿用绳子拴在一起，参赛队员可以手挽手也可以肩搭肩，向正前方行进 20 米，完成时间短者胜出 规则：参赛队需出 5 名队员参加，行进时所有队员的脚都必须触地，如果绊倒，则就地站起，继续行进	20 人以上	绳子若干
老鹰捉小鸡	方法：两队参加，每队 5 人(或更多人)一组，纵向站立，后者抓住前者的衣服或者扶住其腰，游戏在直径 10 米的圈内进行，两队队首的队员负责保护本队队员，并去抓对方的队员 规则：参赛队需出 5 名队员参加，游戏进行过程中，队员不得跑出规定区域。一方队员在抓对方队员的过程中，只能由该队队首的队员从对方队尾的队员开始，另一方队尾的队员如果被对方队首队员抓住或是被触及都视为被抓住，被抓住的队员出局。如果在游戏进行过程中，队伍断裂，则断裂处之后的队员出局。在规定的时间内，队内剩余队员多者胜出	20 人以上	无

续表

游戏名称	方法与规则	参与人数	所需器材
踩地雷	方法:两队之间进行比赛,每队3人,每人脚上绑上气球,在直径6米的区域内去踩对方脚上的气球 规则:每队出3人,每人脚上绑5只气球,游戏过程中不得超出规定区域,跑出游戏区域的队员即退出比赛。只能踩对方脚上的气球,不得故意拉人、踢人或将对方绊倒,若有发现,立即判罚该队员退出比赛。最终在规定时间内脚上气球剩余得多的一队胜出	10人以上	气球若干
抢座	方法:每一轮比赛5人一起进行,抢坐板凳,板凳数量始终比场上队员数少1,每一轮淘汰1名队员,最后一轮抢到板凳的队员胜出 规则:男女均可。游戏开始时,所有队员必须围着板凳逆时针转圈,没有听到“坐”的口令前不能停下或抢座,违反者被罚退出,每抢座一次淘汰1名队员并减少1条板凳,最后坐到板凳的队员胜出	5人以上	凳子数条
打气球	方法:参与者在本方场区内,用双手或单手将气球拍或击打通过球网后到对方场区 规则:每队出5名队员,每队的规定区域为长5米、宽5米的方形区域,网高2米。一方必须在4次触球(包含身体任一部位触及球)后将球打到对方区域,超过4次触球则判该队输1分,同一队员不得连续两次触球。比赛没有发球,开球方式为一方通过不多于4次触球后将球打到对方区域(可参考排球比赛)	10人以上	气球若干
混合篮球比赛	方法:同篮球比赛 规则:每队出5名队员,进行4场比赛,每场10分钟。要求每队每场至少有1名女性队员。4场比赛得分多者胜出	10人以上	篮球1个

思考与提高

1. 合理的运动对人体有哪些影响?

2. 简述运动对人体生理系统的促进作用。

3. 结合自身情况,讲一讲通过锻炼自己身体发生了哪些变化。

4. 为自己制订一个简单的锻炼计划。

第六章 中学生常见运动损伤的处理与预防

内容提要

运动中发生运动损伤是十分普遍的现象。运动中的损伤一般分为开放性损伤和闭合性损伤。本章就运动中的一些常见运动损伤进行介绍,介绍它们的发生机制及原因,以及如何预防和处理。通过本章的学习,让大家在运动时能够更好地预防和减少运动伤害的发生,并且养成良好的运动行为习惯,更好地进行体育锻炼。同时,为运动损伤的处理提供了简单实用的方法,供大家学习参考。

第一节 运动热身与放松

热身和放松是体育运动中必不可少的环节，是保证中学生顺利完成学习和训练任务的关键，同时为避免在运动过程中和运动结束后发生运动伤害或出现运动病症起到了关键作用。所以中学生在参与运动锻炼前应当做好热身运动，完成锻炼后让身体充分放松，真正体会到运动带给自己的健康和快乐。

一、运动前热身

热身是指在运动之前，进行短时间、低强度的身体活动，使机体各项机能能够适应接下来更大强度的练习或比赛。在开始体育课学习或运动前都应当做充分的准备活动热身，比赛前或大强度运动前热身时间不能少于30 min。热身能够提高心脏血管系统、呼吸系统、神经系统及运动系统等的兴奋性，克服内脏系统的“机能”惰性。同时热身还能激活肌肉，促进肌肉中的血液循环，降低肌肉的黏滞性，有利于增强肌肉的韧性、弹性和力量，最大限度地避免肌肉拉伤和关节损伤等运动伤害的发生。

热身运动

常用的徒手热身方法如下。

1. 上肢热身方法

上肢热身方法主要包括：扩胸运动、振臂运动、原地肩绕环、原地臂绕环、体侧上举运动、肩关节向心拉伸、大臂项后拉伸、双手互握转手腕、立掌胸前互推抗阻练习、十指互顶抗阻练习、十指反扣离心抗阻练习、侧平举大臂“C”字旋转等。

2. 躯干及下肢热身方法

躯干及下肢热身方法主要包括：双脚原地起跳，原地并脚脚掌站立，原地提膝侧压腿，弓步压腿，原地异侧踢腿，原地提膝外展腿跳，体前屈交替摸脚背，原地单脚跳并膝下击掌，原地交换弓步跳，原地开合跳并头上击掌，原地垫步提膝跳，原地左右交替跳，原地单脚侧体跳，原地并腿跳，原地踝关节转动，原地收腹跳，深蹲并纵跳起，腹背运动 + 体前屈双手抱踝静力拉伸，原地快速跑 + 虚步静力拉伸，原地后踢腿跑 + 背和小腿静力拉伸等。

热身的注意事项：第一，热身的内容要根据项目、运动员身体情况和环境而定；第二，要注意一般热身活动和专项热身活动的区别，一般热身活动要较充分，专项热身活动要有针对性；第三，运动中容易受伤的部位要加大热身强度及适当增加热身时间；第四，热身活动要循序渐进，不能过急，特别是有运动伤害的部位，要注意热身活动的强度，把握好力度、速度、幅度，避免加重原有伤害；第五，热身活动应当注意动静结合，对肌肉应当进行适当的力量和拉伸练习，以避免肌肉拉伤；第六，热身活动的标准一般以身体发热、出微汗、精神饱满为宜；第七，运动中如果间歇时间较长，应该在再次运动前做适当的热身活动；第八，热身活动与正式运动间应当有一定的时间间隔，一般为 1 ~ 4 min。

二、运动后放松

放松是指在较大强度运动过后，通过适当的活动使处于兴奋状态下的机体逐渐恢复到运动前相对平静状态的过程。放松是让机体从运动状态缓慢过渡到静止状态，这样有助于机体各项机能的恢复，促进体内运动所产生废物的代谢和排泄，消除疲劳，避免运动损伤和肌肉酸痛的发生。另外，良好的放松对运动能力有一定的增强和提高（如运动训练中的超量恢复现象）。

放松的一般原则：放松活动要有针对性，不同的运动项目要采用不同的放松方式；大强度运动或激烈比赛后，放松活动的运动量不宜过大，时间不宜过短，一般要在 10 min 以上；要使各个器官在运动后恢复到相对平静的状态，让运动者的呼吸恢复平静，心率较平稳，肌肉较松弛，浑身感觉轻松，等等；放松时应当注意保暖和能量的摄入，这样更有利于机体的快速恢复。

常用的放松方法：整理运动，伸腰深呼吸；慢跑或慢走，同时抖手抖脚、轻拍手臂大腿等；肌肉、韧带拉伸；身体按摩；等等。

知识拓展

良好的运动习惯让你健康快乐

体育运动会给人带来健康和快乐，使人拥有强壮的体魄、健硕的体格，但并不是参与锻炼就一定会达到自己想要的结果，还得遵循一定的运动规律，掌握必要的运动方法，以及养成良好的运动习惯。运动时如果不遵循规律，很容易对自己的身体造成伤害。

良好的运动习惯再加上坚持运动，一定会带来健康和快乐，同时还能减少甚至

避免运动伤害或者是运动病症。比如运动前适当补充营养,进行充分的休息,认真做好必要的热身练习,这样就能够很好地避免运动损伤;在运动中适当补充水分和矿物质,能够很好地提高运动的持续能力;运动结束后不能马上停止运动,应当进行较低强度的放松练习,让身体逐渐恢复到相对静止的状态,这也是减少运动病症发生的必要环节。另外,在没有进行运动时要注意休息,养好精神,充沛的精力也是保证良好锻炼效果的因素之一。只有坚持良好的运动习惯,才能体会到运动带来的快乐和健康。

第二节　中学生运动中的常见损伤

运动损伤在经常参加锻炼的中学生身上十分常见,这些损伤的发生由多种因素造成,比如中学生体能差、技术动作不规范、缺乏必要的保护技能、场地器材不符合要求等。运动损伤的发生会严重影响中学生参与锻炼的兴趣和积极性,但是我们通过学习,学会如何预防和处理这些意外状况,对我们参与体育锻炼有非常积极的作用和帮助。

一、软组织挫伤

软组织挫伤是指人体在暴力的直接作用下而引起某些部位的局部或深层的软组织的急性闭合性损伤,软组织挫伤在体育运动中十分常见。

1. 软组织挫伤的原因

运动过程中,相互撞击、摔打、踢打或身体的某些部位撞到器械,以及运动时发生意外摔倒等都容易造成软组织挫伤。

2. 症状表现

软组织挫伤按照其损伤部位的多少可以分为单纯性挫伤和混合性挫伤两种。

单纯性挫伤一般表现为有明显的撞击或摔打痕迹;伤后有疼痛感,一般先是感觉微痛,逐渐变得剧烈,直到影响到运动功能;充血性肿胀,挫伤后一般会出现皮下充血性肿胀,肿胀面积逐渐增大;挤压时有疼痛感觉,用手按压受伤部位有明显的痛感,同时皮下组织有硬结。

混合性挫伤是指在皮肤和软组织受到挫伤的同时,还有其他组织和器官的挫伤。比如，头部的挫伤并伴有脑震荡或颅内出血，胸部挫伤的同时肋骨骨折，腹部挫伤并伴有肝、脾破裂，睾丸挫伤等。混合性挫伤除了有明显的外部症状外，还伴有休克、昏迷等危重情况。

3. 软组织受伤的伤后处理

伤后应当立即停止运动，对受伤部位进行冷敷、加压包扎，抬高受伤部位，同时外涂活血消肿药，内服止痛药。注意观察，若肿胀面积不断扩展，受伤部位皮肤温度较高，应当及时就医；24～48 h 后，拆除包扎，可以对受伤部位进行适当按摩和热敷，适当地做一些恢复肌肉活动的练习等；做一些简单的运动，以促进患处更好地恢复，并逐步过渡到室外进行活动；出现混合性挫伤导致出现休克、昏迷等症状时要及时送医院治疗。

4. 软组织挫伤的预防

运动中要注意保护自己，加强自我防护意识，穿戴好防具。对不同项目要采取相应的保护手段，如体操、举重、铅球、标枪等项目在练习过程中都需要有专人负责保护和维护现场秩序。同时，在比赛中遵守竞赛规则，禁止粗暴行为的发生，也能较好地避免软组织挫伤。

二、肌肉拉伤

运动过程中，肌肉被动拉伸或主动收缩过猛，超过了肌肉本身所能承受的限度，会导致肌肉组织拉伤。这类损伤在运动中尤为常见，中学生在平常的锻炼中应当足够重视。

1. 肌肉拉伤的原因

肌肉拉伤分为主动拉伤和被动拉伤。

主动拉伤是指肌肉主动收缩过猛，超过了肌肉本身的承受能力，致使肌纤维收缩时的原动肌和协同肌损伤。如加速跑时用力后蹬，导致大腿后群肌肉拉伤；弯腰抓举杠铃时，骶棘肌收缩过猛，造成损伤，等等。

被动拉伤是指肌肉受力拉伸时，力量过大，导致肌纤维拉长时对抗肌的损伤。热身不充分极容易引起肌肉拉伤，如跨栏时，大腿后群肌拉伤；压腿、劈叉时，大腿后群肌拉伤；等等。肌肉的拉伤可发生在肌腹或肌腹与肌腱交界处，或是肌腱的起止点，被动拉伤可分为轻微伤害和肌纤维部分断裂或完全断裂。

2. 症状表现

受伤动作明显，通常在损伤时能够听见撕裂声；有较明显疼痛，轻者能够行走，若运动，特别是重复受伤动作时，痛觉有加重现象，严重者不能行走；一般会出现肿胀，同时皮下出现瘀斑；用手压伤处，有明显阵痛，并能摸到痉挛的肌肉。

3. 伤后处理

轻微肌肉拉伤时，及时冷敷、加压包扎或外敷药，然后使受伤肌肉放松休息，24 h后可进行按摩、痛点药物注射、理疗等；若出现严重的肌肉拉伤时，在加压包扎、固定过后应及时送伤者去医院进行治疗。

4. 肌肉拉伤的预防

运动前要做充分的准备活动，让肌肉活性增大；根据不同项目，有意识地加强相关肌肉的力量并进行柔韧性练习；运动中若发现肌肉僵硬、疲劳时，应当立即停止运动或减小运动强度，对肌肉进行放松；掌握正确的技术动作，避免肌肉拉伤；注意外界环境的影响，如空气温度、湿度，以及器材和运动场地等。

三、韧带损伤

韧带是连接两个相邻骨头的纽带，附着在相邻两骨头的骨端上，一般呈条索状或片状，有较强的韧性和抗拉伸能力。韧带具有保护关节活动、增强关节强度和保护其他组织的功能。它将关节活动限制在正常的范围内，避免关节脱臼；增强关节的强度，防止关节分离；保护关节囊、肌腱等组织免受伤害；等等。运动时容易受损的韧带主要有踝关节处韧带、肩关节处韧带、膝内侧副韧带、肘尺侧副韧带等。

1. 韧带损伤的原因

运动中关节活动时受到的外力超过了韧带所能承受的能力，导致关节活动超出正常范围，就会造成关节韧带损伤。外力的作用可能使韧带部分或全部断裂，更严重的情况可造成关节半脱位或全脱位。

2. 症状表现

韧带损伤一般会出现血肿、局部水肿、关节肿胀、疼痛等现象。同时限制关节活动能力，造成运动障碍。

3. 伤后处理

出现韧带损伤后，立即对受伤处进行冷敷，同时加压包扎、固定伤肢、抬高受伤关节。24~48 h后拆除包扎，进行热敷、按摩、理疗，外敷或内服活血化瘀、消肿止痛的药物。出现休克等危重情况时，应当立即送医治疗。

4. 韧带损伤的预防

加强关节力量训练，增强关节力量，避免受伤；掌握正确的技术动作，防止错误的动作损伤韧带；运动前积极热身，做充足的准备活动；在运动中注意保护自己，参与容易受伤的运动项目时要采取适当的保护措施；遵守运动规则，避免野蛮行为。

四、腱鞘炎

腱鞘是位于肌腱，经过关节和骨隆起的，由两层纤维膜构成的长形管道。这个纤维管道可以减少肌腱活动时的摩擦，防止肌腱紧绷时的侧向滑动。腱鞘的慢性损伤在运动中十分常见，主要由于部分关节使用过多，肌肉的反复收缩，导致肌腱与腱鞘的过度摩擦，使腱鞘出现水肿、增生等损失性炎症。比如排球运动员的肱二头肌腱鞘炎，网球运动员的肘关节腱鞘炎，自行车运动员的膝关节腱鞘炎，乒乓球运动员的腕关节腱鞘炎，等等。

1. 腱鞘炎发生机制

腱鞘炎的发生与运动项目密切相关。在运动过程中，由于对某个动作进行反复的练习，导致相关关节的肌肉反复收缩，肌腱与腱鞘的摩擦频率过高，使腱鞘受损发炎。

2. 症状表现

轻度腱鞘炎患者，受损处活动时有较明显的疼痛，严重者有放射性疼痛。患处有明显肿胀、压痛，可触及皮下腱鞘的硬肿块，严重者活动时可听见腱鞘的弹响或摩擦声。

3. 伤后处理

限制伤处的活动，让受伤处休息，对损伤部位采取热敷、涂药、针灸、理疗、按摩等方法进行处理。若久治不愈，严重影响运动时，可以采取手术手段切除发炎部位治疗损伤。

4. 腱鞘炎的预防

制定科学合理的训练、运动方案，避免局部活动过于频繁。运动前做好热身活动，运动中注意休息，运动后要充分放松，特别是对运动中活动较多的关节要进行充分放松，必要时可以实施热敷或按摩。

五、骨膜炎

骨膜是骨头表面除关节外所被覆盖的坚固的结缔组织包膜。在长时间强度较大的运动中，容易造成骨膜损伤，形成炎症，称为骨膜炎。骨膜炎多发生在参加训练时间不长或不经常参加体育锻炼的中学生身上，主要发生在胫骨、腓骨、桡骨、尺骨等部位。

1. 骨膜炎发生机制

骨膜炎的发生机制现在还不能完全确定，人们对于引起骨膜炎的原因有两种观点。一是肌肉牵扯说。许多学者认为，肌肉在反复收缩的过程中，使附着在肌肉一侧的骨膜受到牵扯、扭伤或者张力增高，导致骨膜与骨头之间的关系发生变化，出现骨膜松弛、出血、水肿、淤血等情况。若出血未能得到及时吸收，出血将机化形成纤维，继而形成新生骨。如踏跳和后蹬跑引起的胫骨等处骨膜炎。二是应力说。也有学者认为，运动员在进行跑、跳练习和支撑练习时，尤其是在比较硬的场地进行时，身体重心与地面或支撑面的反作用力会对骨凸面产生较大冲击，导致骨膜松弛，与骨分离，出现出血、水肿、淤血等病症，严重时还有可能发生局部骨质脱钙或骨断裂。如进行跑跳训练时，胫骨一侧骨膜常常有骨膜炎症状出现。

2. 症状表现

患者通常持续一段时间参加运动或训练，一般具有该病的患病史；训练或运动时，局部感觉疼痛，运动负荷增大，疼痛感加剧，停止运动，疼痛消失；患者局部出现肿胀；用手按压伤处，有明显痛感。

3. 病情处理

发病初期，应当减少局部的运动负荷，注意休息，对患处进行热敷、按摩。在进行运动时，可以用弹力绷带对患处进行包扎，一般情况下随着对运动负荷的适应，症状会有所好转或痊愈。有反复疼痛的严重症状患者，应当对伤肢进行包扎，抬高伤肢，并配合外敷药物、按摩、针灸、理疗等加以治疗。若处理后症状不减，甚至有加重迹象，应当及时送医，检查是否出现骨折等情况。

4. 骨膜炎的预防

遵循科学的训练方法，运动负荷不能突然加大，应当循序渐进，要良好地控制局部运动强度，练习不要过于集中、频率不要过大；掌握正确的技术动作，防止骨膜炎的发生；注意选择合适的运动场地，尽量避免在过硬和凹凸不平的场地上进行训练或练习;选择合适的运动装备,避免过紧或过于宽松的服装影响肌肉充分活动;养成良好的运动习惯,运动前做好热身准备,运动结束后充分放松。

知识拓展

运动中的自我保护

每项体育运动都有它的技术特点,同时也具有一定的危险性。如果运动者不加以注意,有可能造成相应的运动损伤或运动伤害,导致失去部分运动能力,甚至造成更严重的后果。所以在参与体育运动时要学会自我保护,尽可能地避免运动伤害的发生。

不同的运动项目有不同的保护方式,但是无论进行什么体育运动,自我保护的根本前提就是运动前的热身和运动结束后的放松。良好的自我保护应该做到这些:遵守运动项目的规则,不要随心所欲;运动前认真准备,比如热身、戴好护具(护腕、护膝、绷带、帽子、手套等);加强力量练习,掌握正确的技术动作;了解运动器械的使用方法,做到能熟练操作;注意留意运动环境,避免被砸到或踩到;了解自己的身体情况,把握好运动强度,运动中若出现不适应当及时停止运动,并休息或就医;运动后要及时进行放松,有条件的可以做熏蒸或按摩等辅助放松。

思考与提高

1. 简述运动前做热身活动的重要性。
2. 为什么运动后要充分放松?
3. 运动时常见的运动伤害有哪些?如何预防和避免?
4. 尝试讲述你曾经经历过的一种运动伤害,最终是如何处理的?
5. 讲述养成良好的运动习惯,学会在运动中进行自我保护。

第七章 中学生常见运动病症的处理与预防

内容提要

运动过程中，由于自身身体缺陷或其他疾病可能引起机体的一些不适或病症。本章从发病原因、病症表象、病症处理、病症预防几个方面出发，对运动中一些常见的运动病症进行讲解，让大家对运动中的常见病症有所了解，为更好地预防和避免运动病症的发生做积极准备。本章分三节，主要介绍休克、晕厥、运动性中暑、运动中腹痛、肌肉痉挛、冻伤、运动性猝死7种运动病症，同时介绍几种简单的运动病症理疗方法以及治疗处方。通过本章的学习，希望大家能够更好地预防和处理运动中容易发生的这些病症。

第一节　常见的运动病症

运动病症在经常参与体育锻炼的中学生身上时有发生。引起中学生运动病症的因素有很多,有中学生自身身体素质、身体缺陷及运动技术能力的因素,也有外部环境的因素。只有明确了运动病症发生的机理和原因,以及处理救治方法,运动者才能提前做好预防,一旦发生运动病症才能够在第一时间采取应急措施,让运动病症对运动者的伤害降到最低,甚至消除。

一、休克

休克由英文“shock”音译而来,是各种强烈致病因素作用于机体,使循环系统的功能急剧减退,组织器官微循环灌流严重不足,导致重要生命器官机能、代谢严重障碍的全身性危重的病理过程。这种情况下,全身的有效血流量减少,微循环出现障碍,导致重要的生命器官缺血缺氧。休克不但在运动中常常发生,同时也是内外科、妇儿科常见的急性危重病症。

1. 休克发生的原因

休克是由机体循环血量不足或心脏的输出量不足等多种因素引起的。机体在这些因素的刺激下使交感—肾上腺髓质系统兴奋性增强,促使儿茶酚胺大量释放,引起血管扩张,微血管痉挛,造成机体组织的有效血量减少,从而引起休克。运动时发生休克主要是由于在运动中发生了较严重的运动伤害,机体大量出血或剧烈疼痛。如运动时发生骨折、关节脱位、严重组织挫伤、睾丸挫伤等伤害,剧烈疼痛引起周围血管扩张,导致机体有效循环血量减少,造成运动者休克;心血管疾病、中毒、伤口严重感染、药物过敏等可造成运动者休克;另外,在疲劳、饥饿、寒冷、炎热天气等情况下参加强度较大的运动也可能引起休克。

2. 休克的表现

①休克早期的表现。休克早期又称为缺血缺氧期。这时机体受到休克因素的刺激,机体的血液供应不足,组织的有效血量较少。此时患者出现紧张、烦躁不安、多汗、呼吸急促、心跳加快、体温有较小幅度增加等症状。

②休克期的表现。休克期又称可逆性失代偿期。这一时期,机体组织明显缺氧,毛细血管括约肌扩张,血液进入毛细血管网,造成血管淤积,血管通透性增强,

血浆外渗，血压下降至 90 mmHg。患者出现表情呆滞、反应迟钝、面色苍白、嘴唇发绀、全身发冷、脉搏细微、尿量减少、昏迷，甚至死亡。血压下降是诊断休克严重程度的明显标志。

③休克晚期的表现。这一时期病情在休克期的基础上进一步加重，组织缺氧和毛细血管的淤塞更加严重，并且患者皮肤内血管出现损伤，血小板聚集，促使内凝血和外凝血系统在微血管形成大面积的血栓。由于持续缺氧，细胞膜破损，发生细胞坏死自溶，出现弥散性出血现象。此时患者出现广泛性出血，血压极低，溶血和血管栓塞引起的多器官功能障碍等症状。

3. 休克的救治

运动时，发现学生有发生休克的迹象时，应当立即使其停止运动，移至安静阴凉处平卧休息，对患者进行鼓励和安慰，以消除患者顾虑。在炎热的天气发生休克时要注意保暖，同时也要预防伤员中暑，对于神志清醒且无消化道损伤的伤员可以让其饮用适量盐水或热茶水。对昏迷的患者要保持其呼吸道通畅，解开患者领口，并将患者口中的分泌物和舌头掏出口外，避免分泌物和挛缩的舌头堵住气管。若患者出现心脏停搏，应立即进行心肺复苏。可对昏迷的伤者采用针灸治疗，针刺或点掐患者的人中、百会、合谷、内关、涌泉等穴位。一般情况下患者的伤情能够得到一定好转，患者能够苏醒。

对有明显外伤出血的患者要进行止血和包扎（详见第八章第一节），避免患者失血过多而引起严重后果。对出现骨折、关节脱位和严重的组织损伤的伤者应该进行止痛和镇静。止痛可采用口服、注射止痛药物或降低神经兴奋性类药物，如口服阿片、吗啡片等止痛药进行止痛，但是有脑内损伤、颈椎损伤、腹内损伤以及缺氧发绀的伤者不能使用吗啡片止痛。可同时让伤者口服苯巴比妥或注射苯巴比妥钠，解除神经系统的应激性，加强大脑皮层的保护性抑制，以起到镇静的效果。

在采取必要措施救治伤者的同时，应当与医院联系，及时将伤者送医治疗，避免耽误治疗，防止更严重的伤害发生。

二、晕厥

晕厥是指大脑暂时供血降低或血流量供应不足，或者由于血液中的化学物质发生改变而导致的意识暂时紊乱不清，或意识丧失的一种现象。晕厥的主要危害在于晕厥时机体摔倒或碰撞而造成的软组织损伤和骨折等伤害。更严重的危害在于晕厥发生的特殊环境，如熟睡、高山、空中、水下等环境，如果此时发生晕厥且没

有得到及时处理可能威胁生命。

1. 晕厥发生机制

大脑供血不足是引起晕厥的根本原因。大脑占人体重量的2%，大脑供血量却占心总输出量的50%左右，氧需求量占全身的20%，维持大脑正常意识所需的血流阈值为30 mL/100 g，当大脑供血量低于这个值时，将可能出现晕厥。所以导致大脑血流量降低的所有因素均可能引起晕厥。

精神状态可能引起晕厥。在运动中，如遇运动员紧张、激动，以及害怕遇到伤害的恐慌、惊厥等会导致外周血管扩张，血压降低，心脏输出量减少，从而使大脑供血供氧不足引起晕厥。

大强度的跑步运动突然停止可能引起晕厥。机体在进行激烈的跑步运动时，若突然停止活动，将可能引起晕厥，称为重力性休克。重力性休克常见于径赛运动中的短跑、中跑以及自行车运动等。虽然机体在剧烈运动时血管扩张，血流量是安静时的数倍，但是随着肌肉和心脏有规律的舒张、收缩以及胸内负压的吸引，血液能够顺利地返回心脏，完成血液循环，当机体突然停止运动使血液滞留在肌肉组织中，造成血压急剧降低，将导致大脑暂时供氧、供血不足，出现晕厥。

久蹲突起、久立突动、久躺突起等长时间静止后突然运动可能引起晕厥。体位突然发生改变，而机体的自主神经的调节功能适应滞后，调节体内血液重新分配不及时，导致回心血量减少，血压下降，致使大脑供血不足，引起晕厥。

运动性中暑可能引起晕厥。在夏季炎热的环境中进行长时间运动或训练时，体内产生的热量通过蒸发等方式排出体外，蒸发使体内水分大量流失，导致循环血量减少，从而引起大脑供血不足，发生晕厥。中暑性晕厥多发生在长跑、越野跑、自行车比赛、足球等运动中。此外，运动者训练水平低、疲劳、身体素质差也容易引起中暑性晕厥。

血液中化学成分的改变可能引起晕厥。血液的化学成分改变主要是指血液中CO_2和血糖含量的变化。运动中，大量的糖被消耗为机体提供能量，易引起低血糖，同时由于大强度的运动，机体排出的CO_2过多，引起低碳酸血症。这两种因素都可能造成大脑对糖的摄取减少，对氧的利用能力变弱，从而出现晕厥。这种晕厥多发生在长时间高强度运动，如马拉松、越野跑、自行车比赛等。

2. 晕厥的症状

运动中发生晕厥时，患病者将失去知觉和意识，突然昏倒。昏倒前，会出现头晕、耳鸣、眼发黑、机体无力等症状；晕倒后，会出现脸色苍白、手足冰凉、血压极低、呼吸和脉搏微弱等症状。一般情况下，发生轻度的晕厥后大脑缺血能够很快得到缓解，意识逐渐恢复。

3. 晕厥的处理与预防

当发生晕厥后应当立即让患者平躺，将双足抬高，使血液尽快流回大脑，增加大脑供血。同时注意保暖，防止患者着凉。用针刺或手掐百会、人中、合谷等穴位帮助患者恢复知觉。若患者出现呕吐症状，应该立即将患者的头偏向一侧，防止窒息，等患者醒后，用热糖水送服维生素 C 和维生素 B_1 等。

对于因低血糖引起的晕厥，可以采用静脉注射 50% 葡萄糖 60 mL 等方式使患者逐渐恢复意识；由低碳酸血症引起的晕厥应当让患者减缓呼吸和加深吸气；对于中暑晕厥的患者应及时将患者带至阴凉通风处，同时用冷毛巾或酒精擦拭患者额头等处，在患者身体周围放置冰块使其快速降温，若出现严重情况应及时送医救治。

预防晕厥的发生应当做好以下几项工作：第一，运动前做好身体的各项检查，尤其是发生过晕厥现象的运动员应当着重检查；第二，坚持科学合理地运动，避免过度疲劳和过度紧张，坚持长期锻炼，增强体质，防止晕厥；第三，养成良好的运动锻炼习惯，运动前适当补充血糖，运动时保持水的供应，剧烈运动后不要立即停下来，应当保持适当运动强度，缓慢地让机体恢复到静止状态；第四，参与运动的中学生应当学会自查，若发现自己出现可能晕厥的迹象时，应当立即停止运动，注意休息，以及做必要的处理措施。

三、运动性中暑

中暑是在高温环境中活动造成的体内温度调节中枢功能障碍、汗腺功能减弱，以及体内水和电解质流失过多而引起的疾病。

运动性中暑是指运动员在高热环境中活动时，肌肉产生的热量大于机体散发的热量，从而不能及时地散发而导致机体温度过高的状态。运动性中暑常发生在马拉松、铁人三项、长时间大强度运动等活动。

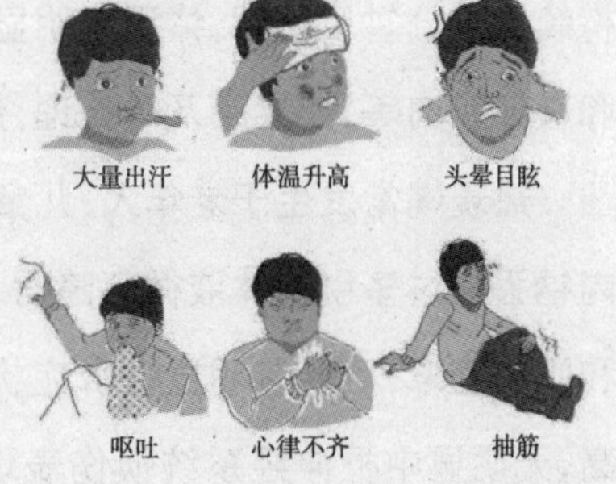

中暑的表现

1. 中暑的发生机制

正常情况下，在下丘脑体温调节中枢的控制下，人体产生的热和散发的热处于动态平衡，约 37 ℃。当人在运动时，机体内活动加快，代谢加速，大量产热，引起皮肤血管扩张、血流加速、汗腺分泌增加以及呼吸加快等，通过辐射、传导、对流及蒸发等方式散热，将体内产生的热量散出体外，以保持体温在正常范围内。当外界温度过高，超过皮肤温度（一般为 32～35 ℃），或环境中有热辐射源（如电炉、明火），或空气中湿度过高通风又不良时，机体内的热量难于通过辐射、传导、蒸发、对流等方式散发，甚至还会从外界环境中吸收热，造成体内热量贮积从而引起中暑。

2. 中暑的类型和表现

根据中暑的程度，可分为先兆中暑、轻度中暑和重度中暑，但是它们之间的关系是渐进的。先兆中暑是指在酷暑高温环境下，出现头痛、头晕、口渴、多汗、四肢无力发酸、注意力不集中、动作不协调等症状，体温正常或略有升高。轻度中暑时，体温往往在 38 ℃以上，除头晕、口渴以外，还伴有面色潮红、大量出汗、皮肤灼热等症状，同时出现四肢湿冷、面色苍白、血压下降、脉搏增快等表现。重度中暑症状，是中暑中情况最严重的一种，如不及时救治可能引发猝死，危及生命，这类中暑又可分为热痉挛、热衰竭、热射病三种类型。在临床上这三种症状可能同时存在，不能很清楚地区分。

热痉挛是指在高温环境下进行剧烈运动大量出汗，体内盐分等电解物质流失过多导致水电解质平衡紊乱，活动停止后常发生肌肉痉挛，主要涉及骨骼肌，通常持续约数分钟后缓解，体温无明显升高。肌肉痉挛主要发生于骨骼肌，如四肢肌肉和腹部肌肉等，如果不及时处理，痉挛将加重，甚至引发更严重的病症。

热衰竭常发生于老年人、儿童和慢性疾病患者。严重热应激时，由于体液和体内钠丢失过多引起体液循环障碍，表现为多汗、疲乏、无力、头晕、头痛、恶心、呕吐和肌肉痉挛，可能有明显脱水症状，心动过快、直立性低血压或晕厥。体温轻度升高，无明显中枢神经系统损伤表现。根据病情轻重不同，检查可见血细胞比容增高、高钠血症、轻度氮质血症和肝功能异常。热衰竭可以是热痉挛和热射病的中介过程，治疗不及时，可发展为热射病。

热射病是一种致命性急症，主要表现为高热（直肠温度≥41 ℃）和神志障碍。早期受影响的器官依次为脑、肝、肾和心脏。根据发病时患者所处的状态和发病机制，临床上分为两种类型：劳力性和非劳力性（或典型性）热射病。劳力性主要是在高温环境下内源性产热过多；非劳力性主要是在高温环境下体温调节功能障碍引起散热减少。

3. 中暑的处理与预防

中暑可能造成很严重的后果，甚至威胁生命，如遇热射病患者而不采取必要措施，则可能会有死亡的危险，热射病的死亡率达5%～30%。当出现中暑迹象时，一般应立即将伤者带至阴凉通风处休息；使患者饮用凉盐水或含盐饮料或静脉注射生理盐水，也可服用十滴水或藿香正气水；物理处理时用4～11 ℃的冷水擦拭皮肤，使皮肤血管扩张，加速散热，同时辅以吹风效果更佳；若出现严重症状，应当及时送医救治。

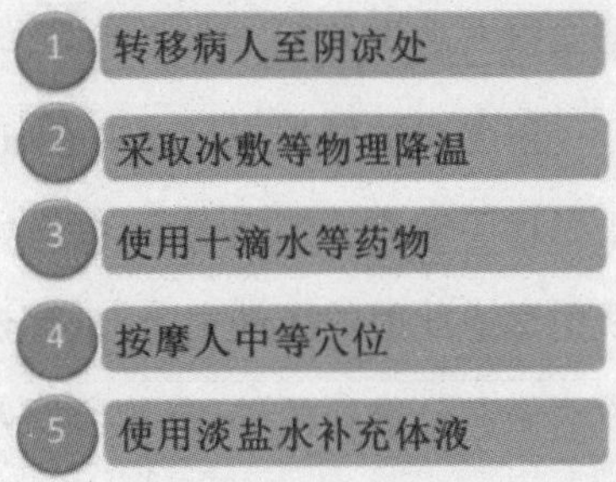

中暑的一般处理过程

夏天参加体育运动时应当注意防暑，做好以下几点措施能够有效地避免中暑。

①夏天炎热的天气参加运动或训练时，应合理安排活动时间，避免在温度最高的时间段进行活动，减少太阳对人体直射的时间。

②夏天运动时合理选择着装，穿浅色透气的运动服。

③保证休息时间，充足睡眠，做好必要的医务监督，避免在身体疲劳或患有疾病的情况下进行活动。

④夏天进行运动时，注意补充盐、水和其他营养物质。适当增加蛋白质和部分维生素（维生素 B_1、维生素 B_2、维生素 C）的摄入量。运动中补水要坚持少量多次的原则。

四、运动中腹痛

腹痛是运动中一种十分常见的病症，在长跑、马拉松、竞走、自行车、足球、篮球等运动项目中较为常见。同时不经常参加运动的学生，或者运动强度突然加大，或者大强度运动前没有进行较充分热身都容易腹痛。运动中大多数腹痛原因不能很

准确地判断和查出，但是它又是与运动息息相关的。

1. 引起运动中腹痛的原因及表现

运动中的腹痛往往是由训练水平低、缺乏锻炼、运动前准备活动不够充分、运动者本身的病理状态与精神不佳、运动时呼吸的节奏不对、突然加大运动强度、进食过多或进食后立即进行运动、饥饿状态下进行运动等情况引起的，严重时可能导致运动者休克。

一般认为运动中腹痛与机体出现的肝淤血、呼吸肌痉挛和肠胃肌肉痉挛及功能障碍有较大关系。

肝淤血的发生与运动中心血管功能不协调有关。一是运动者在运动前准备活动做得不够充分的情况下，就开始大强度运动，这样会导致人体内脏器官没有能够及时适应此时的运动负荷，从而造成肝脏等器官的功能障碍。二是由于运动者在没有做充分准备活动，导致心肌收缩较差，心脏搏出量较少，腔内压力增加，致使下腔内的回心血受阻，进一步增大下腔内静脉压力，肝脏静脉流动受阻，导致血液在肝内淤积，肝淤血的体积增大，引起肝区疼痛。三是运动者进行剧烈运动时呼吸急促会造成胸膜腔内压增加，影响下腔静脉回流，导致血液淤积，使右上腹疼痛。

呼吸肌痉挛是在运动中膈肌和肋间肌发生痉挛时，运动者感觉到季肋下部和胸下部疼痛，这与呼吸方式有关。这种情况下，患者做深呼吸将加重痛感。呼吸肌痉挛可能是由于在运动时没有控制和调节好呼吸节奏，呼吸时快时慢、时深时浅，导致呼吸规律紊乱，造成呼吸肌功能障碍，从而发生痉挛。同时，在运动前缺乏充分的准备活动热身，导致心肺功能不能适应短时间内突然加大的运动强度，使呼吸肌供氧供能不足，引起呼吸肌痉挛，而且随着运动强度的增加疼痛感会更加剧烈。

运动时肠胃肌肉痉挛及其功能障碍也是引起腹痛的一个重要因素。主要是由于肠胃壁的神经受到牵扯而发生疼痛，疼痛多发生在上腹部。大强度运动使体内血液重新分布，肠胃的缺氧、缺血以及各种对肠胃的刺激都可能引起肠胃肌肉痉挛或功能障碍。比如饭后立即进行剧烈运动、吃得过饱进行运动、吃的食物不易消化或易产生气体等都会引起肠胃痉挛或肠胃功能障碍。

2. 运动中腹痛的预防与处理

运动中的腹痛大多出现在中长跑、骑自行车等强度适中、时间较长的运动中。当出现腹痛时，可以适当地减慢速度，用手按压痛处，调整好呼吸节奏，弯腰跑一段时间，一般情况下疼痛会有所好转或消失。如果仍然没有得到缓解，应当停止运动，适当休息，若一段时间后症状仍存在，可口服阿托品、颠茄等缓解肌肉痉挛的药物，同时辅以针刺或指掐足三里、内关、三阴交等穴位，并热敷痛处，此时若症状还没有好转或有加重迹象，应立即送医治疗。

参与运动时做好以下几点，将有效地预防腹痛的发生：第一，加强身体锻炼，提高机体的运动能力；第二，遵循运动的一般规律，运动时应当循序渐进，因人而异，施加合理的运动负荷，调整好动作节奏和呼吸频率；第三，养成良好的运动训练习惯，在运动前要做好必要的准备活动，充分热身，运动结束后要认真放松，注意休息；第四，运动前注意膳食的合理安排，避免吃一些不易消化的食物，不要吃得太饱和饮用大量的水等，也不能在饥饿的状态下进行强度较大的运动；第五，时刻关注自身身体状况，出现不能参加运动的状态时，应当停止运动。

五、肌肉痉挛

肌肉痉挛俗称抽筋，是肌肉突然发生不自主的强直收缩的现象，在运动中十分常见。发生肌肉痉挛时常常伴有较剧烈的疼痛、肌肉发硬等症状，运动者自身不能或很难控制痉挛肌肉的强直收缩。肌肉痉挛易发生在小腿腓肠肌，足底的屈拇肌和屈趾肌。在跑动项目和游泳项目中发生肌肉痉挛的情况较为多见。

1. 引起肌肉痉挛的原因

在寒冷的环境中运动容易发生肌肉痉挛。寒冷环境使肌肉的活性降低，黏滞性增强，运动刺激使肌肉的兴奋性突然增强，从而发生强直收缩。冬季寒冷环境、游泳运动中冷水刺激、运动时气温突然降低等都可能引起肌肉痉挛。另外，在冬季或气温较低的环境下，运动前未做充分的准备活动、运动时没有注意保暖等都非常容易发生肌肉痉挛。

运动中体内电解质丢失过多也会引起肌肉痉挛。长时间的大强度运动或是在

炎热的天气下运动，机体会大量出汗，导致体内电解质流失过多，使肌肉兴奋性增高，从而引起肌肉痉挛。

运动后缺乏必要的放松是引发肌肉痉挛的一个重要因素。进行强度较大的运动时，肌肉持续收缩时间较长，频率较快，运动后的放松时间短或未放松，会引起肌肉紧张和放松协调性紊乱，出现肌肉痉挛。这种情况在运动水平不高的学生中较为常见。

机体疲劳时进行运动也容易引起肌肉痉挛。机体疲劳会直接影响肌肉的活动能力，导致肌肉疲劳。运动使肌肉疲劳，疲劳的肌肉的生理功能会发生变化，同时血液循环和物质代谢功能也会受到影响，造成乳酸等代谢产物不能及时快速地排出，使其在肌肉中大量堆积，引起肌肉痉挛。

2. 肌肉痉挛的症状

当肌肉发生痉挛时，痉挛肌肉剧烈强直收缩并变得僵硬，且伴有剧烈疼痛。同时痉挛肌肉周围所涉及的关节发生屈伸障碍，影响机体运动能力。通常情况下肌肉痉挛会持续数分钟。

3. 肌肉痉挛的处理与预防

肌肉发生不太严重的痉挛时，向痉挛肌肉的反方向牵拉一定时间，痉挛症状将得到缓解。牵拉时不宜用力过猛，注意用力要平和、均匀，避免造成肌肉拉伤。如小腿肌肉痉挛时，应努力伸直膝关节，勾脚尖使踝关节充分背伸，拉长痉挛的腓肠肌。在处理过程中加以按摩辅助，以揉捏、重力按压为主，切记不能暴力击打或用脚猛踢痉挛肌肉，避免肌肉撕裂等严重损伤的发生，并注意痉挛处的保暖，对痉挛肌肉和附近组织进行热敷有一定缓解作用。遇到情况严重的肌肉痉挛，要采用麻醉才能得到缓解。

若是痉挛发生在水中，此时一定要保持镇定，切记不要慌张，先深吸一口气，使自己浮于水面，用力反向拉伸痉挛的肌肉，然后想办法尽量让自己漂浮到岸边，再进行进一步处理。

运动中预防肌肉痉挛应当做到以下几点：第一，坚持锻炼，增强体质，提高对寒冷的耐受能力，增加耐力练习，增强肌肉的耐久力；第二，运动前做好充分的热身准备，对易出现痉挛的肌肉做必要的按摩；第三，在冬季或寒冷天气运动时，注意保暖，避免肌肉痉挛；第四，夏天进行运动时，出汗量大，应当在饮食中注意增加对电解质和维生素 B_1 的摄入；第五，游泳下水前，应当先用冷水将全身打湿，让肌肉逐渐适应寒冷的环境，若水温较低，则不宜长时间游泳；第六，饥饿或饱饭情况下不宜进行运动，易引起肌肉痉挛；第七，运动后要让肌肉充分放松，防止在下次运动时发生肌肉痉挛。

六、冻伤

冻伤是一种因为寒冷而导致的机体损伤，是一种在冬季寒冷气候中常见的皮肤病。冻伤一般会出现充血性水肿红斑，遇温度稍高时皮肤会感觉瘙痒，严重时患处可能会出现皮肤糜烂、溃疡等症状。病程一般较长，冬季和初春季节会反复发作，随着气温升高会逐渐好转。治疗冻伤的方法虽然很多，但几乎不能彻底治愈，到了冬季或气温较低时还会复发，不过通过合理的方法能够有效预防。根据冻伤的程度不同，冻伤可能出现全身性损伤（包括冻僵与冻亡）和局部性损伤（包括冻伤、冻疮、战壕足、浸泡足等）。

1. 冻伤的诱发原因

冻伤主要是由于寒冷使人体血液流动减慢，当机体部分皮肤暴露于冰点左右的低温时，血管收缩，导致血流减缓或滞留，影响血液正常循环和细胞代谢，局部可能形成血栓、长出水泡甚至部分组织坏死。如果长时间在寒冷环境中（如冰雪中）静止不动，血管极度收缩，血液流量减少，在血管中极易形成血栓，同时还可能将细胞液甚至细胞外液和其他组织冻成结晶，造成皮肤溃烂，引起周边组织的炎症等严重症状。

2. 冻伤的表现

根据冻伤的程度不同，可将冻伤分为红斑级、水泡级和坏死级三种情况。

红斑级是冻伤程度最轻的一种。这种情况是皮肤表层的冻伤，早期皮肤出现充血，伤处呈紫红色，后期皮肤变干、发热，短时间内将出现水肿。红斑级冻伤患者伤处伴有麻木、刺痛、瘙痒等症状。若处理及时，症状几天后就会消失，愈后伤处皮肤会逐渐脱落。

水泡级冻伤较红斑级严重，是皮肤全层被冻伤，伤处将在红肿的基础上很快(约24 h之内)出现水泡，水泡内主要以血清状液体为主，患者感觉疼痛较重。通过处理，经过2～3周水泡干结，表皮逐渐脱落，长出新的皮肤，一般不会有瘢痕；如果在处理过程中伤处感染，造成伤处溃疡，愈后将有明显伤痕。

坏死级是最严重的冻伤，皮肤坏死，伤害可达肌肉、骨髓，伤处皮肤呈深紫色，局部创面感觉消失，其周围出现红肿、疼痛等症状。通过处理，伤处无感染，等坏死组织干燥结痂，然后逐渐长出新皮肤。坏死级冻伤愈合较慢，且愈后有明显瘢痕。

3. 冻伤的治疗与预防

发生轻度冻伤时，应将冻伤的肢体迅速置于温水中，水的温度一般不超过40.5 ℃(避免烫伤已经冻伤的皮肤)，一般在短时间内能够得到缓解；冻伤程度较严重时，过分移动可能会加重冻伤组织的损害，应当将伤处的衣物或鞋袜慢慢脱去(切忌勉强脱下)，使其保持干燥，避免将伤处皮肤撕破，然后进一步采取加温措施使伤处复温。若受冻部分不能立即解冻，应轻轻地清洁伤处，使伤处保持干燥，可用无菌绷带保护，直到伤处解冻，尽可能让患者全身保暖。若冻伤情况十分严重，应当及时就医。

冬天做好以下几点能有效地预防冻伤的发生：第一，注意保暖，穿戴好防寒用具，避免肢体长时间置于寒冷的环境中；第二，易发生冻伤处应保持温暖，寒冷天气时对易冻伤处进行揉搓等使其温度升高；第三，适当地运动，促进血液循环，防止局部血液滞留；第四，加强体育锻炼，增强身体对寒冷的抵抗力；第五，饮食中适当增加蛋白质和脂肪的摄入；第六，冬天不要穿过紧的衣服鞋袜，要保持衣物和皮肤干燥；第七，中学生要避免养成久坐不动等习惯，应当积极进行体育锻炼。

七、运动性猝死

1979年国际心脏病学会、美国心脏学会以及1970年世界卫生组织将猝死定义为：急性症状发生后即刻或者在24 h内发生的意外死亡。后来，世界卫生组织定义为：发病后6 h内死亡者为猝死。其特点为死亡急促，死因出人意料，为自然死亡或非暴力死亡。

运动性猝死是与运动有关的猝死，是指锻炼者或运动员在参与运动或锻炼后

24 h 内的意外死亡。运动性猝死在一般锻炼者和高水平运动员中皆有可能发生，发生猝死时抢救极其困难，死亡率高，有的患者甚至在 1 min 之内就会死亡。通过研究发现，大多数发生猝死的运动员普遍患有心脏病、脑出血、中暑、急性出血性胃炎等疾病。

1. 运动性猝死的种类及发病原因

在运动时，根据猝死的引发因素不同，可将其分为心源性猝死、脑源性猝死和中暑引发的猝死。

①在运动性猝死中，心源性猝死的发生概率较高，主要是由于运动参与者本身具有或者可能存在某种心脏疾病，如冠心病、心肌病、心脏瓣膜病等，在运动时诱发了这些疾病的发生，从而导致运动性猝死。冠状动脉急性供血不足是引起运动性猝死的一个重要因素。剧烈运动时，心跳加速，肌肉活动加强，机体耗氧量大幅增加，但是心肌不能承受较大的氧债，加之儿茶酚胺水平较高促使交感神经活动增强，导致血管痉挛，心肌缺血，心肌应激活动增强，诱发心律不齐或心肌梗死，发生猝死；冠状动脉急性栓塞或阻塞可能引发猝死。剧烈运动时，可能因为血管内膜出血、间质出血或粥样硬化物破裂阻塞冠状动脉，导致运动者猝死；心肌代谢障碍可能引发猝死。进行剧烈运动，体内将产生大量的儿茶酚胺，儿茶酚胺会加重心脏负担，对心肌有不良影响。同时，剧烈运动时自主神经系统平衡失调以及心肌电解质钾离子、钠离子发生变化，可造成心肌代谢性坏死。

②脑源性猝死是引发运动中猝死的一个重要原因，主要是由于一些大脑疾病在剧烈运动的诱发下造成运动员猝死，如脑血管畸形、动脉栓塞、高血压、动脉硬化等疾病。

③中暑导致的运动性猝死是继心源性猝死之后造成猝死的第二大原因。（具体原因见本章第一节中的“运动性中暑”）

2. 发生猝死时的急救措施

猝死时的急救措施被称为心肺复苏。一旦心搏骤停就应当机立断、分秒必争，就地进行心肺复苏抢救，因为心跳停止超过 4 ~6 min 就可能引起大脑不可逆损伤或者死亡。同时，在抢救的过程中还需弄清病因，以便使患者在接下来的治疗中得到正确的处理。（详见第八章第四节“心肺复苏”）

出现猝死的情况后，要立即对伤者进行抢救。当心脏发生心室纤颤时，采用电击除颤，如果现场没有这类抢救器械，可以用“拳击”的方式除颤：手握空心拳头，在病人心前区捶击2次，若无反应，则可再捶击2~3次。对于刚刚发生室颤的心脏，捶击胸前区有较好的除颤效果，可以使室颤消除并使心脏重新出现跳动。

3. 运动性猝死的预防

运动性猝死发病突然、病程短、病情严重，救治较困难，所以掌握运动性猝死的原因及特点，对做好运动性猝死的预防工作十分关键。运动性猝死的预防工作是预防和避免发生运动性猝死的重要手段。预防运动性猝死应当做好以下几点。

①运动或比赛前对参加运动的中学生仔细地进行体格检查，排查出可能在运动时诱发猝死的高危人群，要加大对心脏病、大脑疾病、血管相关疾病、神经系统相关疾病等的检出力度。

②在运动中注意观察运动员的身体状况，及时发现其出现的不良症状，如发现运动者出现头晕、晕厥、乏力、胸闷、胸压迫、血压低等症状时，应当让其立即停止活动，并进行全面检查，同时进行相应的救治处理，避免猝死的发生。

③遵循科学的训练方法，控制好运动强度，做好运动前的热身和运动后的放松休息，尽量避免在高温炎热等环境中运动，防止中暑引发的猝死。

④养成良好的生活作息习惯，安排好生活、学习和工作的时间，避免经常熬夜和黑白颠倒的生活方式。

知识拓展

运动场上的隐形杀手——猝死

猝死的悲剧在运动场上时有发生，特别是在进行大强度的运动项目和日常大强度的训练中。猝死已经成为运动员生命的最大威胁，历史上有许多关于运动员猝死于运动场的报道，我们在惋惜优秀运动员猝死的同时也应当思考如何最大限度地去避免这类悲剧的发生。下面是部分在运动场猝死的运动员和中学生：

1960年，丹麦自行车手加林在罗马奥运会比赛中猝死；

1987年，26岁的前联邦德国铅球运动员德雷瑟在一次训练后突然感到腰部如刀刺般疼痛，送到医院后抢救无效死亡；

1988 年,31 岁的美国著名女排选手海曼猝死在赛场上;

1995 年,俄罗斯著名双人滑冰运动员格林科夫在日常训练中突然摔倒在地,不治身亡;

2000 年,青岛海牛二队年轻球员曹春鹏在全国青年联赛的一场比赛中突然跌倒在地,在紧急送往医院的途中死亡;

2001 年,中国男排国手朱刚在训练中因心脏血管瘤破裂在成都去世,近 12 个小时的手术未能挽救他的生命;

2002 年,效力于秘鲁联赛的巴西球员桑托斯进球后脱衣狂奔了数分钟以示庆贺,然而 3 小时之后,他突然感到心口剧痛,并就此身亡;

2004 年,邯郸一中学女生彤彤在校运动会 400 米赛跑途中猝死;

2016 年,安徽芜湖一中学学生在体育课上进行 1000 米体能测试时倒地猝死。

第二节　简单的理疗方法

运动中常常会有不同的运动伤害和病症发生,在做好预防的同时我们也不得不学会简单的处理方法。伤害发生后我们除了运用药物治疗以外,还应当结合物理疗法,以帮助伤者尽快康复。特别是中学生在出现运动伤害后,更应当结合理疗来帮助他们康复,这样可以使其运动能力快速得到恢复,进而尽快地投入到学习当中去。简单的理疗方法主要有冷处理、热疗法、按摩疗法等。

一、冷处理

冷处理是用比人体体温更低的物理因子对人体的伤处进行刺激,以达到治疗疾病的方法,如用冷水、冰块、冰水、物理蒸发、冷冻等方式对伤肢进行的冷冻疗法。

冷处理是用低温的方式让受伤的肌肉、组织、器官等的活性降低,使局部血管收缩,减少组织充血,同时能够抑制神经的兴奋性,达到镇痛、止血、退热、避免或减轻受伤组织肿胀等效果。冷处理主要适用于闭合性损伤初期,例如在运动中发生的肌肉拉伤、软组织挫伤、关节扭伤、韧带拉伤等,应当立即进行冷处理。

冷处理的一般方法:用冷水浸泡过的毛巾置于伤处,2 min 更换一次,或者用冰袋装满冰块置于患处约 20 min,注意随时关注伤肢,避免冻伤。在天气不是很冷的

时候，可以用冰块直接涂抹患处，也可以将伤处直接置于冷水中浸泡，注意把握浸泡时间，不宜过长。

在咨询医生的情况下，可以采用氯乙烷、好得快（利多卡因氯己定气雾剂）等药物垂直喷于伤处，距离不得小于 20 cm，直到伤处有一层白雾时停止喷药，利用该药物的蒸发使伤处达到冷冻的目的，使用时应当注意喷药次数，以免过度冷冻对皮肤造成损伤。若伤处在患者面部，不宜使用喷药的方法处理。

二、热疗法

热疗法是指用比人体体温略高的物理因子作用于伤处，使其对伤处达到一定治疗效果的方法。

热疗法主要运用于闭合性损伤的中期和后期，热疗法通常采用热敷的方式。热敷疗法是通过对患处局部组织加温的方式，使伤处的血管扩张，促进血液循环，有助于淤血的消散和排出，缓解肌肉痉挛，能够有效地消肿、止痛、散瘀，促进损伤愈合等。

热疗法的具体操作方法：

①热敷疗法。用 48 ℃左右的热水将毛巾浸透，置于患处，约 30 min 为一个敷疗周期，一天 1 ~2 个周期即可，同时也可以用热水袋代替毛巾进行热敷。

②石蜡疗法。将石蜡融化，加温至 70 ~80 ℃倒入事先放有冷水的盘内，蜡厚约 2 cm，具体情况视伤处面积而定，使石蜡温度凉至 50 ℃左右。将石蜡表面的水擦干后敷于伤处，每日一次，约 30 min。

③红外线灯疗法。将红外线灯预热 3 min 左右，然后将其移至伤处上方 30 ~50 cm 处，治疗时要将伤处裸露，照射时间为 15 ~20 min，每天 1 ~2 次，具体治疗时间根据伤者的反应来确定，一般以伤者感觉舒适、患处皮肤出现均匀桃红色斑为宜。

采用热敷疗法时应当注意热源的温度，避免烫伤；对石蜡过敏的患者，要慎用石蜡热疗；另外用红外线灯照射时可能会让患者产生眩晕、眉目胀痛等不舒适的感觉等。在进行热疗时要根据伤者情况采用适当的处理方式。

知识拓展

中华文明的瑰宝——拔罐

拔罐是我国古代劳动人民在同疾病做斗争的过程中发明的一种治疗方法，是我国医学中非药物民间疗法的一个重要组成部分。拔火罐治疗疾病最早的文字记载是在公元281—361年间，晋代葛洪编撰的《肘后方》。他的治疗方法是以罐为工具，利用燃烧、抽吸等方法排出罐内空气，形成负压，然后将罐吸附于人体施治部位，从而达到防病治病、强健身体的目的。拔罐疗法也叫瘀血疗法，古代有以兽角或者竹筒为工具的，故也称之为“角法”“吸筒法”。

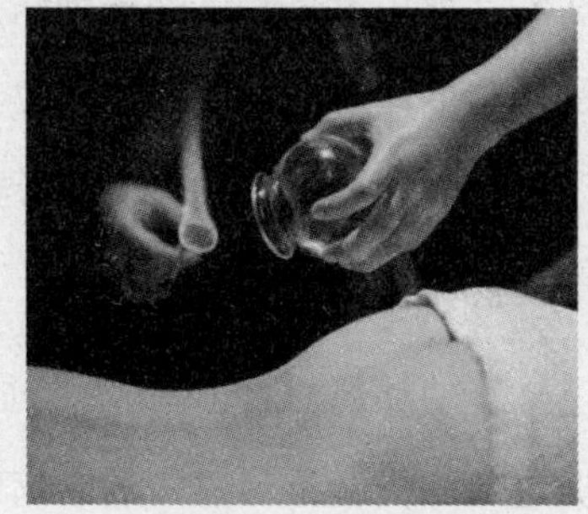

拔火罐

唐代有运用竹罐治疗疾病的记载。王焘在《外台秘要》中进一步阐述了拔罐疗法的应用。唐代的太医署专门将“角法”单列为一科，学制三年，从理论、操作和临床等方面形成比较完整的方术。宋代医学家亦以竹筒为工具，同时将适应证扩大到了内科疾病，如《苏沈良方》中记载用“火筒方”治疗久咳。明代医家申斗垣《外科启玄》中的“吸法”“煮竹筒法”用中药煮竹用于临床，把辨证用药与拔罐疗法相结合，提高了疗效。清代，拔罐疗法得以丰富和推广，所治病症也从单一的外科发展到内科，清代医学家吴谦在《医宗金鉴——外科心法要诀》中记载拔罐配合中医针刺治疗的方法；清代医学家赵学敏曾用拔罐疗法治疗风寒头痛、眩晕、风痹、腹痛等症；吴尚文在《理瀹骈文》也记载了风邪头痛、破伤风等内科疾病的治疗方法。

拔罐疗法在我国已有二千余年的历史，形成了一种独特的治病方法。但是其发展过程十分缓慢，长期以来，主要是用以治疗疮痈肿毒，清代虽有所拓展，而从总的情况来看，仍用于疮疡等外科的治法之中。因此，本来属于刺灸法之一的拔罐法，在我国古代大量针灸著作中却十分鲜见，尤其是清末之后，随着针灸医学本身的衰落，拔罐法也流落于民间，其发展更趋于停滞。

三、按摩疗法

按摩是一种应用十分广泛的民间物理疗法。有正骨按摩、伤科按摩、小儿按摩、经络按摩、脏腑按摩、急救按摩、保健按摩、点穴按摩等。按摩又称推拿，是我国医学宝库中最具特色的一种医疗保健方法。施术者用双手或肢体的其他部位，在受术者的体表一定部位或穴位上施以各种手法操作，以达到防病治病、放松肌肉关节、延年益寿等目的的一种物理疗法。

1. 按摩疗法治病的机理

①使局部血管扩张，增加血液和淋巴液等循环，以改善局部组织的营养状态，促进新陈代谢及滞留体液或病理渗出物的吸收代谢。

②诱导深部组织的血液流向体表，使一部分血液瘀滞于局部，或使深部组织充血，以降低体内或其他部位的充血现象，促进病理产生物的消散。

③调节肌肉机能，增强肌肉弹性、张力和耐久性，缓解病理紧张并促进代谢，排出有毒产物。

④影响神经机能，使其兴奋或镇静，振奋精神，或解除疲劳，从而达到治疗的目的。

2. 按摩的操作方法

①推揉类，主要有推法、揉法、摩法、擦法、抹法等。

②按拍类，主要有按法、掐法、拨法、振法、弹法、拍捶法、踩跷法、滚法等。

③捏拿类，主要有捏法、拿法、搓法、捉法等。

④牵抖类，主要有抖法、引伸法等。

⑤运动类，主要有屈伸法、摇法、板法、背法等。

3. 选用按摩疗法的注意事项

患有传染性疾病、严重感染性疾病、脓毒血症、精神病、结核、恶性肿瘤、按摩局部有较严重的皮肤病、皮肤损伤或炎症（如蜂窝组织炎、丹毒、脓肿、骨髓炎等）等疾病，以及存在疾病的急性期病情危重、高热、神志不清、血液病有出血倾向等情况，均不适用按摩治疗；孕妇不能按摩肩井穴、合谷穴、三阴交穴、昆仑穴、小腹部、腰骶部和髋部；女性经期不应做腰骶部与双髓部按摩。

另外，骨折未愈合、韧带和肌肉断裂的固定期，均不宜采用按摩治疗；年老体弱、血压过高，以及心、肺、肾等重要脏器功能严重损伤者，应慎用或禁用按摩治疗。

第三节　运动处方

运动处方与医生给病人开的处方类似，是指根据个体体质状况制订的一种科学、合理、有计划、有目的的体育锻炼计划。运动处方的制定要因人而异，根据对不同个体体质的检查评定情况，制订适合当事人的科学、合理的一系列锻炼计划。好的运动处方可以较好地指导个体进行锻炼，以提高机体健康水平，增强其对外力和疾病的抵抗，从而有效地避免或减少疾病的困扰，降低依赖药物来维持健康的风险。

健身房内景

一、运动处方的种类

运动处方运用十分广泛，适用于不同年龄段的人群。一般可以分为三类：一是健身性运动处方，是健康人锻炼的运动处方，以增强体质、提高健康水平为目的；二是竞技性运动处方，是专业运动员训练的运动处方，以提高专业运动成绩为目的；三是康复性运动处方，是对患者应用的运动处方，以治疗某些疾病为目的。

运动处方一般包括五个要素：运动的形式、运动的强度、持续的时间、运动的频率和注意事项。

根据运动种类，运动处方可分为三类：耐力性（有氧）运动处方、力量性运动处方、伸展运动和健身操处方。

1. 耐力性（有氧）运动处方

耐力性（有氧）运动是运动处方最主要和最基本的运动手段。在治疗性运动处方和预防性运动处方中，主要用于心血管、呼吸、内分泌等系统的慢性疾病的康复和预防，并以此改善和提高心血管、呼吸、内分泌等系统的功能。在健身、健美运动处方中，耐力性（有氧）运动是保持全面身心健康、保持理想体重的有效运动方式。

有氧运动项目有：步行、慢跑、间歇跑、上下楼梯、游泳、骑自行车、跳绳、划船、滑水、滑雪、球类运动等。

2. 力量性运动处方

力量性运动在运动处方中主要用于运动系统、神经系统等肌肉、神经麻痹或关节功能障碍的患者，以恢复肌肉力量和肢体活动功能为主。在矫正畸形和预防肌力平衡被破坏所致的慢性疾患的康复中，通过有选择地增强肌肉力量，调整肌力平衡，从而改善躯干和肢体的形态和功能。

力量性运动根据其特点可分为：电刺激疗法、被动运动、助力运动、免负荷运动、主动运动、抗阻运动等。其中，电刺激疗法是通过电刺激，增强肌力，改善肌肉的神经控制；电负荷运动是指在减除肢体重力负荷的情况下进行主动运动，如在水中运动；抗阻运动包括等张练习、等长练习、等动练习和短促最大负荷练习（即等长练习与等张练习结合的训练方法）等。

3. 伸展运动和健身操处方

伸展运动及健身操较广泛地应用在治疗、预防、健身、健美等各类运动处方中，主要的作用有放松精神、消除疲劳、改善体形，防治高血压、神经衰弱等疾病。

伸展运动及健身操项目主要有：太极拳、保健气功、五禽戏、瑜伽、广播体操、医疗体操、矫正体操等。

二、实施运动处方的注意事项

1. 耐力性（有氧）运动的注意事项

用耐力性（有氧）运动进行康复和治疗的疾病多为心血管、呼吸、代谢、内分泌等系统的慢性疾病，在按运动处方进行锻炼时，要根据各类疾病的病理、生理特点和参加锻炼者的具体身体状况，提出有针对性的注意事项，以确保运动处方的有效原则和安全原则。一般的注意事项应包括以下几方面。

①运动的禁忌证或不宜进行运动的指征。在耐力性（有氧）运动处方中，应有针对性地提出运动禁忌证。如心脏病人运动的禁忌证有病情不稳定的心力衰竭和

严重的心功能障碍;心肌炎、心内膜炎;严重的心律失常;不稳定型、剧增型心绞痛,心肌梗死后不稳定期;严重的高血压;不稳定的血管栓塞性疾病;等等。

②在运动中应停止运动的指征。在耐力性(有氧)运动处方中也应立即停止运动,如心脏病人在运动中出现以下表象时应停止运动:运动时上身不适,运动中无力、头晕、气短,运动中或运动后关节疼或背痛等。

③耐力性(有氧)运动处方中,须对运动量的监控提出具体的要求,以保证运动处方的有效和安全。

④执行运动处方前按要求做充分的准备活动。

⑤明确运动疗法与其他临床治疗的配合。比如糖尿病患者的运动疗法须与药物治疗、饮食治疗相结合,以获得最佳的治疗效果。运动的时间应避开降糖药物浓度达到高峰的时间,在运动前、中、后,可适当增加饮食,以避免出现低血糖等。

2. 力量性运动的注意事项

①力量练习不应引起明显疼痛。

②力量练习前、后应做充分的准备活动及放松整理活动。

③运动时应保持正确的身体姿势。

④必要时给予保护和帮助。

⑤注意肌肉等长收缩引起的血压升高反应及闭气用力时心血管的负荷增加。

⑥有轻度高血压、冠心病或其他心血管系统疾病的患者,应慎做力量练习;有较严重的心血管系统疾病的患者忌做力量练习。

⑦经常检修运动器械、设备,确保安全。

3. 伸展运动和健身操的注意事项

①应根据动作的难度、幅度等,循序渐进、量力而行。

②指出某些疾病应慎用的动作。如高血压病患者、老年人等应不做或少做过分用力的动作及幅度较大的弯腰、低头等动作。

③运动中注意正确的呼吸方式和节奏。

三、运动处方的适宜强度

合适的运动强度是制定和执行运动处方的关键。运动强度常用心率作为量化的指标。研究发现，运动时心率在 120 次/分以下，机体的血压、血液、尿蛋白和心电图等指标均无明显变化，故健身价值不大；施加心率为 140 次/分的运动负荷时，每搏输出量接近并达到最佳状态，健身效果明显；心率为 150 次/分时，心脏每搏输出量最大，健身效果最好；心率在 160～170 次/分时，虽无不良的异常反应，但也未出现更好的健身迹象；而心率达到 180 次/分时，体内免疫球蛋白减少，易感染疾病，并易产生疲劳或运动伤病。因此，我们通常把锻炼效果最佳的心率区间确定为 120～150 次/分，上限为安全界线，下限为显效界线。但在实际制定和应用运动处方时，应根据施加对象的不同年龄、体质状况，对此心率区间做出适当的调整，以取得最佳锻炼效果。

运动时间和频度是影响运动处方效果好坏的重要因素。一般规定参与者每次运动时长不能少于 5 min，其中达到适宜心率的时间须在 20 min 以上，全身持久性锻炼（耐力锻炼）的效果与频度的关系则是频度越多，收效愈大；以增进健康、保持体力为目标的锻炼，每周 3～5 次为好；以增加肌肉力量为目标的锻炼，以隔日为好。

参与者根据制定好的运动处方进行运动练习，在实施过程中可对既定的运动处方做细微或部分调整，使之更加切合实际。经过一个阶段的实施，及时反馈信息，重新进行体力测验，在新的运动水平上调整运动处方。制订的运动处方如表 7－1所示。

表 7－1　运动处方示例

患者信息					
姓名	×××	性别	男	年龄	28 岁
身高	175 cm	体重	80 kg	症状	轻度肥胖，无其他不良症状
处方内容					
处方类型	运动健身型		持续周期		12 周

续表

<table>
<tr><td colspan="7">一、准备部分</td></tr>
<tr><td>准备期</td><td colspan="6">2 周</td></tr>
<tr><td>活动项目</td><td colspan="6">走、徒手操、伸展活动</td></tr>
<tr><td>持续时间</td><td colspan="6">20 min</td></tr>
<tr><td colspan="7">二、活动部分</td></tr>
<tr><td colspan="4">主要练习内容</td><td colspan="3">辅助练习</td></tr>
<tr><td>运动项目</td><td>强度(心率)</td><td>持续时间</td><td>频次</td><td>运动项目</td><td>强度(练习次数)</td><td>频次</td></tr>
<tr><td>慢跑</td><td>150 次/分左右</td><td>40 min</td><td>每周 5 次</td><td>负重蹲起</td><td>3 × 15 次、3 × 15 次、3 × 10 次</td><td>每周 3 次</td></tr>
<tr><td>骑行</td><td>150 次/分左右</td><td>40 min</td><td>每周 5 次</td><td>仰卧起坐</td><td>3 × 30 次、3 × 30 次、3 × 20 次</td><td>每周 3 次</td></tr>
<tr><td>有氧操</td><td>150 次/分左右</td><td>40 min</td><td>每周 5 次</td><td>俯卧撑</td><td>3 × 20 次、3 × 20 次、3 × 10 次</td><td>每周 3 次</td></tr>
<tr><td colspan="7">三、实施部分</td></tr>
<tr><td colspan="7">活动前准备:做好身体的拉伸,活动开各个关节,使机体处于较兴奋状态</td></tr>
<tr><td>星期</td><td colspan="2">基本活动</td><td>备注</td><td colspan="2">辅助练习</td><td>备注</td></tr>
<tr><td>星期一</td><td colspan="2">慢跑、骑行、有氧操</td><td></td><td colspan="2"></td><td></td></tr>
<tr><td>星期二</td><td colspan="2"></td><td></td><td colspan="2">负重蹲起、仰卧起坐、俯卧撑</td><td></td></tr>
<tr><td>星期三</td><td colspan="2">慢跑、骑行、有氧操</td><td></td><td colspan="2"></td><td></td></tr>
<tr><td>星期四</td><td colspan="2"></td><td></td><td colspan="2"></td><td></td></tr>
<tr><td>星期五</td><td colspan="2">慢跑、骑行、有氧操</td><td></td><td colspan="2">负重蹲起、仰卧起坐、俯卧撑</td><td></td></tr>
<tr><td>星期六</td><td colspan="2">慢跑、骑行、有氧操</td><td></td><td colspan="2"></td><td></td></tr>
<tr><td>星期日</td><td colspan="2">慢跑、骑行、有氧操</td><td></td><td colspan="2">负重蹲起、仰卧起坐、俯卧撑</td><td></td></tr>
<tr><td colspan="7">四、注意事项</td></tr>
<tr><td colspan="7">1. 严格做好各项准备工作,备好装备,检查器材,确保运动安全
2. 做好处方执行过程中的监管工作,督促患者认真积极完成各项练习
3. 确保运动强度的施加科学合理,保证练习效果
4. 根据实施过程中的实际情况,对处方的内容和强度做出适当调整,以达到最佳的练习效果</td></tr>
<tr><td colspan="7">五、评估总结</td></tr>
<tr><td colspan="7"></td></tr>
<tr><td colspan="4">处方制定者:</td><td colspan="3">日期:</td></tr>
</table>

思考与提高

1. 运动中常见的病症有哪些？
2. 如何预防运动病症的发生？
3. 常用理疗方法有哪些？哪些理疗方法对自己有用？
4. 什么是运动处方？有哪些作用？
5. 学习了本章，为自己开一个运动处方。
6. 结合本章内容，谈谈你是如何处理运动中的突发病症的。

第八章 实用的急救方法

内容提要

中学生在进行运动时难免会发生不同形式、不同程度的运动伤害，受到伤害后如何处理损伤、如何救治伤者应当遵守科学的方法。本章将用五节内容来介绍运动中经常受到的伤害的急救方法，主要是出血、关节脱位、骨折的急救方法，以及心肺复苏的操作方式，同时教会大家一些必要的急救包扎方法，让大家在自己遇到伤害或帮助救治他人时能够从容地应对处理，将伤害降到最低。希望大家认真学习本章内容，掌握好各种基本的自救、急救技能，为在以后参与运动锻炼中发生意外时使用。

第一节 出血的紧急处理

运动中摔倒、碰撞、被器械砸到等都可能引起体表出血。如果伤情较重，出血较多，此时不及时加以止血急救，很可能引起严重后果，如失血过多导致的休克、昏迷，甚至死亡。所以掌握止血急救的方法十分必要，在运动时若遇到出血的情况可以及时处理，避免更加严重的后果发生。

一、压迫止血

压迫止血是运用手或者止血工具，对近心端的动脉血管进行压迫，以达到止血的目的。

常见的有手指压迫止血法。这是一种比较快速、止血较为有效的首选方法，该方法用于动脉出血，利用手指将伤口附近的动脉压闭临时止血。实际操作中，先试做局部压迫止血，施救者用手指把出血部位近端的动脉血管压在与它相邻的骨骼上，用外力使血管闭塞、血流中断，从而达到止血目的。指压止血法仅是一种临时的、短时间起作用的动脉出血的止血方法，不宜持久采用，止住血后，应根据具体情况换用其他有效的止血方法，如填塞止血法、止血带止血法等。若出血不止，则需要对相应的动脉近端加压，如止血带止血。

二、抬高伤肢止血

抬高伤肢止血一般用于四肢出血，将受伤出血的部位抬高，使其高于心脏，利用重力的作用使血液回流，达到止血的目的。此方法常在绷带加压后使用。

这是一种辅助止血方法，四肢出血发生时不宜立即采用此方法进行止血，应当在患者出血部位已经包扎处理完毕后使用。运用此方法时要注意让患者平躺，避免血液大量流向大脑，加大大脑血管压力，引起患者不适，或造成其他严重后果。

三、冷敷止血

冷敷使血管受冷收缩，达到止血的目的。血管在受到冷刺激时，会发生收缩反应，进而减少局部充血，同时降低出血处组织温度，抑制神经冲动，从而达到止血、止痛、预防血肿的效果。冷敷止血一般用于闭合性出血的处理。

1. 冷敷止血方法

冷敷止血通常采用敷冰袋、湿毛巾和冲冷水等方法，应根据患者的不同情况和所处的不同环境选择适宜的方法进行处理。

用冰袋冷敷时，需要在冰袋里装入半袋或三分之一袋碎冰或冷水，把袋内的空气排出，用夹子把袋口夹紧，放在患者受伤处，没有冰袋时，也可用塑料袋代替。

用湿毛巾冷敷时，需要把毛巾或敷布在冷水或冰水内浸湿，拧干水后敷在患者伤处，实际操作时最好用两个毛巾交替使用，可达到较好的止血效果。

运动中发生扭伤、拉伤等伤害时，可以用流动的冷水持续冲洗伤者患处，可起到止血的作用。

2. 冷敷止血注意事项

第一，为患者冷敷时，要注意观察局部皮肤颜色的变化和患者知觉的反应，若出现发紫、麻木时要立即停止冷敷；第二，冷敷时间不宜过长，以免影响血液循环；第三，要注意冷敷物温度的变化，随着冷敷时间加长，毛巾或冰袋的温度会逐渐升高，这样就失去了冷敷止血的治疗作用，所以要及时更换冷敷物；第四，做冷敷止血时要注意对患者保暖，以免引起身体的其他不适。

运动中出现严重挫伤、肌肉撕裂、关节扭伤等闭合性出血时，开始用冷敷，尽可能防止出血增多，患处出血止住后 2 ~ 3 天，应对患处进行热敷，以促进血液循环，缓解患者的疼痛，缩短痊愈的时间。实际操作中在选择冷敷和热敷这两种敷法时，要根据患者病情不同和病程阶段不同进行合理选择，更要求施救者在不同情形下采取不同的处理方法，以免止血效果不好，甚至造成严重后果。

四、止血带止血

止血带止血，主要是用橡皮管或胶管止血带将血管压瘪以达到止血的目的。这种止血方法较牢固、可靠，但只能用于四肢动脉大出血。

1. 止血带结扎法和橡皮止血带使用方法

左手拿橡皮带，留下约 16 cm 的头；右手拉紧环体扎，前头交左手，中食两指挟，顺着肢体往下拉，前头环中插，保证不松垮。如遇到四肢大出血，需要止血带止血，而现场又无橡皮止血带时，可在现场就地取材，如布止血带、线绳或麻绳等。用布止血带止血时，放平入环，拉紧固定。用线绳或麻绳止血时，可绞紧固定。

2. 使用止血带时应注意的问题

①止血带应放在伤口的近心端。上臂和大腿都应绷在上 1/3 的部位。上臂的中 1/3 禁止上止血带,以免压迫神经而引起上肢麻痹。

②上止血带前,先要用毛巾或其他布片、棉絮作垫,止血带不要直接扎在皮肤上;情况紧急时,可将裤脚或袖口卷起,将止血带扎在其上。

③要扎得松紧合适,扎得过紧容易损伤神经,过松则不能达到止血的目的。一般以不能摸到远端动脉搏动或出血停止为度。

④结扎时间不能过久,否则会引起肢体缺血坏死。因此要每隔 1 h(上肢或下肢)放松 2 ~3 min;放松期间,应用指压法暂时止血。寒冷季节时应每隔 30 min 放松一次。结扎部位超过 2 h 者,应更换比原来更高的位置结扎。

⑤要有上止血带的标志,注明上止血带的时间和部位。用止血带止血的伤员应尽快送医院处置,防止出血处远端的肢体坏死。

第二节　关节脱位的急救

关节脱位又称为脱臼,是指组成关节骨头的关节面失去正常的对合关系,失去或部分失去原有的活动能力。脱位可分为先天性、外伤性、病理性和习惯性脱位四种。按脱位程度来分,可分为半脱位和全脱位;按脱位后的时间来分,又可分为新鲜脱位和陈旧性脱位(指脱位超过三周以上)。

运动中的关节脱位常见于肩关节前脱位和肘关节后脱位。

一、肩关节前脱位

1. 损伤发生机制

运动时发生跌倒或遭受外力冲击,肩关节上臂处于外展状态,手和肘先着地出现肩关节前脱位的可能性很大。这种情况下,肱骨头向肩胛盂前下方移动,若受外力过大,肱骨头就会从肩胛盂脱位。同时,在做上臂外展时,若突然背伸过猛或过度外旋都很可能发生肩关节前脱位。

2. 症状与诊断

①肩关节疼痛,并且出现运动障碍。

②按压肩关节时,有明显痛感。

③上肢固定外展 25°～30°位置。

④肩关节周围组织有撕裂出血，有明显肿胀。

⑤诊断可发现肩峰下有凹陷，在锁骨或喙突下可摸到肱骨头。

⑥借助 X 光检测可以明显看到肱骨头脱位，同时能够清晰地看出是否有骨折等并发症。

3. 急救方法

运动中出现肩关节脱位时，应当先通过牵引、拉拔、折顶、旋转、按摩等手法使脱位的关节恢复到正常的关节面，然后采用固定伤肢的方法进行处理。上肢的固定一般采用折叠固定的方式，将伤者大臂固定。此外，固定的时间长短视伤者的情况而定，通常情况下固定 2～4 周。

二、肘关节后脱位

1. 损伤发生机制

任何的外力只要使肘关节过度前伸或者外展导致肘关节内侧的副韧带断裂，都能造成肘关节后脱位。例如，跌倒时肘关节过度伸展，尺骨鹰嘴猛烈撞击肱骨鹰嘴窝，导致肱骨下端前移，尺骨鹰嘴后移，造成肘关节后脱位。

2. 症状与诊断

肘关节后脱位时，疼痛感明显，前臂保持在半屈位，伸展受限，上肢缩短，肘前三角部膨出，肘前后径加大，关节周围组织局部肿胀。用手触摸时可发现肘后三角的位置发生了改变，鹰嘴移至肘后上方。

3. 急救方法

救治原则同肩关节前脱位，即先使关节复位，然后固定伤肢。此时应当使肘关节弯曲，用绷带、夹板等器械将肘关节固定并悬于胸前。

第三节　骨折的处理

骨头的完整性或连续性被中断或破坏称为骨折。骨折是运动中经常发生的一种损伤，跌倒、碰撞、外力冲击等都可能造成骨折。运动中最为常见的是外伤性骨折，由外伤引起。根据伤肢的表象又可以分为闭合性骨折和开放性骨折，发生在原有骨病（如肿瘤、炎症等）部位的骨折，称为病理性骨折。

一、骨折的表象

骨折发生后,常局部出现剧烈疼痛、压痛、肿胀、瘀血、畸形、活动受限、纵向叩击痛及异常活动等,一般多可据此做出诊断。当然,如果骨折损伤了血管、神经等,则会出现相应的症状,故应注意是否有其他器官同时损伤。为了确诊和进一步了解骨折部位、类型及指导治疗,须进行 X 线检查。

二、骨折的救治和处理

通常情况下骨折经过适宜的治疗,如复位和固定,在骨折处有良好血液供应的条件下,经过一段时间便可自行愈合。

在现场急救和安全转运时,应当采取能减少伤者痛苦、防止再损伤或污染的必要措施,其中最关键的是妥善固定伤肢。肢体骨折时,用夹板固定最好,其次可用木棍、木板代替,如无代替物,上肢骨折可绑在胸部,下肢骨折同另侧健肢绑在一起,亦可起到暂时固定的作用。脊柱骨折时,则应平卧于床板或门板之上,避免屈曲、后伸、旋转。若为开放性骨折,并伴有严重出血现象,则应当用急救包或清洁布进行止血包扎,搬运或运送到医院的过程中要注意保持固定。若骨折合并颅脑损伤及其他重要脏器损伤,要密切注意伤者神志和全身状况的变化,并迅速就近送往医院抢救。

第四节　心肺复苏

心肺复苏是在伤者心脏停止跳动,呼吸停止时采用的紧急救治措施,即运用人工呼吸和胸外按压,使伤者呼吸、血液得以重新循环,以致诱发心脏的自主跳动,临床称之为心肺复苏。在运动中出现的一些严重伤害,如游泳时溺水、运动意外导致的休克、大强度运动导致的晕厥等都可能引起心跳、呼吸停止。遇这些紧急情况若不采取及时合理的救治,伤者将很快因为严重缺氧而死亡。所以学习掌握正确的心肺复苏急救手法在运动中十分重要。

一、人工呼吸

人工呼吸(简称 CPR),是用于急救自主呼吸停止的一种方法。主要的手段是通过徒手或机械装置使空气有节律地进入肺内,缓解患者缺氧的状况,然后利用胸廓和肺组织的弹性回缩力使进入肺内的气体呼出。如此反复以代替患者的自主呼吸，为患者进行自主呼吸创造条件。

口对口呼吸法是一种最常用、最有效的人工呼吸方法。

实施步骤：第一，让患者平卧，松开其领口、腰带等衣物，打开患者口腔，掏去口中杂物，并在其上面放一块纱布；第二，施救者一手置于患者前额使其头部后仰，并用拇指和食指捏住其鼻孔，避免吹进的气体流出，另一只手托住患者下颌，用掌根部压迫患者的环状软骨，避免吹的气进入胃内；第三，深吸一口气，用嘴唇包封住患者的嘴，并往里吹气，吹完即放开患者鼻孔，待患者将气体呼出后，再进行下一次吹气，如此往复。

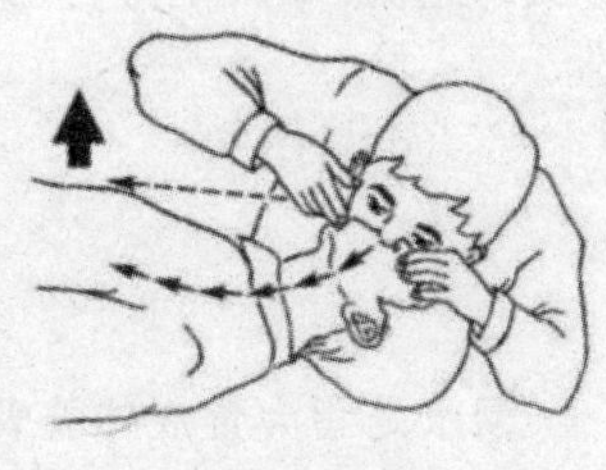

人工呼吸

吹气时要深而快速，每次吹气的量约为 1 000 mL，或者视患者的反应而决定（患者的胸腔有向上抬的迹象即可）。最开始救治时连续吹气两次，而后每隔 5 s 吹气一次，相当于一分钟吹气 12 次左右，直到患者开始自主呼吸。

二、胸外心脏按压

胸外心脏按压是运用人体的“心泵机制”，通过在胸外按压，使心脏在胸骨和脊柱之间挤压，促使左右心室受压迫而泵出血液，放松后，心室舒张，血液回心，为患者的机体产生自主血液循环创造条件。

实施方法如下。

①按压部位位于胸骨中下 1/3 交界处的正中线上或剑突上 2.5 ~ 5 cm 处。

②按压方法：第一，抢救者一手掌根部紧贴于胸部按压部位，另一手掌放在此手背上，两手平行重叠且手指交叉互握稍抬起，使手指脱离胸壁。第二，抢救者双臂应绷直，双肩中点垂直于按压部位，利用上半身体重和肩、臂部肌肉力量垂直向下按压。第三，按压应当平稳、有规律地进行，不能间断，下压与抬起放松时间相等；按压至最低点处，应有明显停顿，不能采取冲击式的猛压或跳跃式按压；放松时定位的手掌根部不要离开胸部按压部位，但应尽量放松，使胸骨不受任何压力。第四，按压频率成人为 80 ~ 100 次/分，小儿为 90 ~ 100 次/分，按压与放松时间比例以 1∶2为宜。第五，按压深度成人为 4 ~ 5 cm，5 ~ 13 岁者为 3 cm，婴幼儿为 2 cm。

③有效按压的主要指标：按压时能扪及大动脉搏动，收缩压＞8 kPa；患者面色、口唇、指甲及皮肤等色泽再度转红；扩大的瞳孔再度缩小；出现自主呼吸；神志逐渐恢复，有眼球活动，睫毛反射与对光反射出现，甚至手脚抽动，肌张力增加。

④在胸外按压的同时要进行人工呼吸，不要为了观察脉搏和心率而频频中断心肺复苏，按压停歇时间一般不要超过 10 s，以免干扰复苏成功。胸外按压与人工呼吸的比例（单人复苏）应为 30∶2。

知识拓展

溺水

溺水是指大量液体被吸入肺内，引起人体缺氧窒息的危急病症。多发生在夏季的游泳场所、海边、江河、湖泊、池塘等处。溺水者面色青紫肿胀，眼球结膜充血，口鼻内充满泡沫、泥沙等杂物。部分溺水者可能因喝的大量的水进入肠胃，出现上腹部膨胀。溺水可造成溺水者四肢发凉，意识丧失，严重者因心跳、呼吸停止而死亡。

1. 溺水的原因

溺水主要是由于落水后气管内吸入大量水、泥沙等杂物阻塞呼吸道，阻碍呼吸，或因冷水刺激引起喉头强烈痉挛，导致呼吸道关闭，引起缺氧从而引发窒息死亡。一般落水被淹 4 ~ 6 分钟后即可致死。溺水多见于儿童、青少年和老人，以误落水中为多。

2. 溺水的表象

溺水者面部青紫、肿胀、双眼充血，口腔、鼻孔和气管充满泡沫。肢体冰冷，脉细弱，甚至抽搐或呼吸心跳停止。轻者，落水时间短，口唇四肢末端易青紫，面肿，四肢发硬，呼吸浅表，吸入水量 2 mL/kg 时出现轻度缺氧现象。重者，如吸水量在 10 mL/kg 以上者，1 min 内即出现低氧血症。落水时间过长，溺水者会出现面色青紫，口鼻腔充满血性泡沫或泥沙，四肢冰冷，昏睡不醒，瞳孔散大，呼吸停止等症状。

3. 溺水的急救

若遇到溺水情况时，应当立即对患者进行抢救，同时联系医务人员。救起溺水者后，立即打开其口，掏出口中和鼻孔中的杂物，同时松开患者的腰带、领口衣物，然后对其进行倒水（时间不宜过长，以免耽误抢救时间）。随后迅速对其进行人工呼吸，若患者出现心脏停止跳动，还须进行胸外按压，应当持续进行，直到患者能够进行自主呼吸或者确定死亡（假死例外）。

4. 假死和真死的判断

判断死亡必须同时具备以下四点特征：呼吸停止；心跳停止；瞳孔放大，对光反射消失；角膜反射消失。

第五节　急救包扎方法

包扎在运动中较常用。受到伤害后，为了很好地保护伤口创面、固定伤肢、避免伤口感染、止血等，对伤处进行合理的包扎特别重要，这样有利于伤口的愈合和进一步救治。进行包扎时，要注意动作轻柔，避免触碰伤者伤处而加剧疼痛或引起过多出血，同时对接触伤口创面的敷料进行消毒灭菌，使其保持无菌状态，防止伤口感染细菌。包扎要牢固且松紧适度，以免造成血液流动不畅，对打结固定部位的选择要准确，应当避开伤口和压迫部位，从伤处的远心端向近心端开始包扎，尽可能将四肢露出，以便观察伤肢血液的供应情况。包扎一般使用三角巾和绷带。

一、三角巾包扎

三角巾为一张 1 ㎡的纱布或白布，折叠分成两个大三角巾，大三角巾则再折叠分成一半即可。三角巾适用于全身许多地方的包扎，方便实用。

1. 手部包扎

将三角巾平铺，手指对向顶角，将手平放于三角巾中央，底边横放于腕部。先将三角巾顶角向上反折，再将三角巾两底角向手腕背部交叉环绕一圈，在腕部背侧处打结。

2. 头部包扎

将三角巾底边置于前额，顶角在后，将底边从前额绕至头后，压住顶角并打结。若底边较长，可在枕后交叉后绕至前额打结，最后把顶角向上拉紧翻转固定。

3. 足部包扎

足部包扎方法同手部包扎。

4. 大悬臂带

除锁骨和肱骨骨折以外的上肢损伤都可以采用大悬臂带固定伤肢。把三角巾顶角置于伤肢后，一底角置于健侧肩，肘关节弯曲 90°放在三角巾中央，下底角上折，包住前臂并在颈后与另一底角打结固定。

5. 小悬臂带

小悬臂带主要用于锁骨和肱骨骨折的包扎固定。将大三角巾折成四横指宽的宽带，中央放在伤侧前臂的下 1/3 处，两端在颈后打结。

二、绷带包扎

1. 环形包扎

这种包扎方式适用于额头、手腕、小腿下部等粗细均匀的部位。包扎时把绷带头斜放，用手压住，将绷带卷绕肢体一圈后，再将带头的一角反折过来，然后继续绕圈包扎，依次用后一圈压住前一圈，包扎 3 ~4 圈即可。

2. 螺旋包扎

螺旋包扎适合伤肢粗细均匀的部位，如小臂、大臂、手指等处。以环形包扎的方法开始，然后将绷带向上斜行缠绕，后一圈压前一圈 1/3 ~1/2 处。

3. 转折包扎

用于包扎大腿、小腿、前臂等大小差不多的部位。以环形包扎的方法开始，然后用拇指按住绷带，将其向上翻转，后一圈压住前一圈 1/3 ~1/2 处。

4. “8”字包扎

多用于踝关节、肘关节、膝关节等处。通常有两种包扎方式：

①从关节开始，先做环形包扎，然后将绷带斜行缠绕，一圈绕关节上方，一圈绕关节下方，并在关节凹面交叉，反复进行，同时逐渐远离关节，每圈压住前一圈 1/3 ~1/2处。

②从关节下方开始，先做环形包扎，后由下而上、由上而下来回做“8”字形缠绕，逐渐靠拢关节，最后以环形包扎结束。

思考与提高

1. 运动中可能发生哪些伤害?

2. 遇到同学在体育课上摔倒,该如何进行处理?

3. 如何做人工呼吸和胸外按压?

4. 如何预防溺水的发生?

5. 如何判断假死和真死?

6. 通过本章的学习,掌握各种急救措施。

第九章 中学生日常锻炼方法列举

内容提要

经过前面八章内容的学习，我们了解到通过体育运动能够很好地保持中学生的机体健康以及对社会的良好适应，同时也解决了如何摄入营养、如何合理参与运动和如何处理运动中发生的意外伤害等问题。接下来将结合前面八章的知识为广大中学生介绍一些实用、易操作的日常锻炼方法，让大家在课余时间能够轻松地进行体育锻炼，强健体魄，获得健康。文中所列举的这些方法主要是针对中学生身体发育的特点，为了提高和强化他们的力量、耐力、灵敏度等身体素质而设计的。

第一节　中学生力量素质练习方法

力量素质是指肌肉工作时克服内外阻力的能力，是中学生完成体育锻炼和运动训练最重要的身体素质，是评价中学生身体素质好坏的重要指标之一，也是身体各项素质的基础。

提高肌肉力量是指通过使肌肉克服内外部阻力做功，通过长期锻炼促使肌肉纤维增粗，肌肉力量增强。肌肉力量变强的明显标志是肌丝变粗，肌肉体积变大。本节主要针对如何增强上肢、腰腹部、下肢的绝对力量，给中学生介绍一些简单实用的日常练习方法。

一、上肢力量练习方法

上肢力量主要包括胸部肌群力量、背部肌群力量、大臂力量和手腕的力量，这些肌肉主要有胸大肌、肱二头肌、肱三头肌、三角肌和前臂肌群等，只要通过科学合理的方法进行练习，我们就能够使它们的绝对力量得到增强。

通常情况下，对这些肌肉力量的练习是同时进行的。我们的很多体育运动都能够同时对这些肌肉的力量进行锻炼，其中最简单的练习方法有抓空拳、俯卧撑等运动。这两项运动对场地器材的需求较少，时间灵活，中学生在学校、家里都可以进行练习。

1. 抓空拳

练习抓空拳可以发展前臂和五指的抓握力量。双手的五指自然分开，然后五根手指同时用力由指端向手心慢慢用力抓握成拳，如此反复多次。练习次数因人而异，直到感到手酸为止。

2. 俯卧撑

俯卧撑是发展上肢力量最简单常用且效果较好的练习项目之一。能够带动上肢多个肌肉群工作，如肱二头肌、肱三头肌、胸大肌、背肌、前臂肌群等肌肉群。做俯卧撑时，要求双手五指并拢，朝前，整个过程躯干保持伸直，双腿紧靠伸直。俯卧撑的动作要求双臂夹紧，以肘关节为轴做屈伸动作，以胸部贴近地面为宜。感觉到上臂酸软时停止练习，可以分为若干组进行。

3. 哑铃直臂扩胸

哑铃直臂扩胸练习用于锻炼胸大肌、三角肌、斜方肌力量。两脚开立与肩同宽，身体直立，手持哑铃并保持前臂前平举，两臂分开向后扩胸到最大限度，还原成前平举姿势，上体尽量保持不动。练习时感觉手臂和背部酸软疲惫即可。练习不少于 3 组，每组不少于 15 次，哑铃重量因人而异，初学者不宜过重。

4. 屈体斜拉杠铃

屈体斜拉杠铃练习可以锻炼背阔肌及背部肌群。两脚开立与肩同宽，身体前屈，双臂自然下垂，双手正握杠铃且用力提拉杠铃到腹部，并经胸前向前斜下方推送至原位，尽量靠近身体，下推使杠铃触地，坚持到前臂和背部感觉酸软即取得锻炼效果。杠铃重量因人而异，建议不低于 10 kg，练习不少于 3 组，每组不少于 10 次。

二、腰腹部力量练习方法

腰腹部主要包括腹直肌、腹内斜肌、腹外斜肌、腹横肌等肌肉，对这些肌肉的锻炼能够增强腹部的绝对力量。长期锻炼将使肌肉体积增大，纹路清晰，肌肉硬度增强。

腰腹部肌肉力量是人体力量的重要组成部分，是人体的核心力量之一。对许多运动的完成起着关键性作用，所以增强腹部肌肉力量能够很好地参与各项体育活动。同时，对一般的中学生而言，针对这些肌肉力量的练习方法也比较简单易操作，占用场地和空间较小，几乎不需要任何器材、器械，在家或寝室里就能够完成练习。

1. 仰卧起坐

这种练习方法主要锻炼腹直肌、髂腰肌。练习时身体平躺，双腿并拢伸直，双手抱头。收腹使上体坐起，然后缓慢躺下，如此往复进行，整个过程双腿都保持伸直且固定。练习次数因人而异，以感觉腹部疲软、乏力为止。通常情况下练习3 ~ 4 组，每组 20 ~ 30 次。

2. “V”字挺身

此练习方法作用于腹直肌、腹外斜肌、腹内斜肌、髂腰肌、股直肌。仰卧于垫子，双臂平行于躯干向上平放，双腿完全伸直或保持膝部略微弯曲。以臀部为支撑，头部和双脚离开地面。用力收缩腹部和髋部肌肉，同时吸气、屏住呼吸，双腿、躯干和手臂同时上抬，双手上举摸双脚，尽量使身体与双腿互靠。身体保持平衡，保持 1 ~ 2 秒，然后慢慢将上体和双腿放下，还原成起始姿势。练习次数因人而异，

以感觉腹部疲软、乏力为止。一般练习 3 ~4 组,每组 10 ~25 次。

3. 团身两头起

这是作用于腹直肌、腹外斜肌、腹内斜肌、髂腰肌、股直肌的力量练习。方法和“V”字挺身相似。此时要求双手抱头夹紧,肘关节向前,双膝弯曲,腹部收紧,肘关节靠近膝关节,保持平衡。练习 3 ~4 组,每组 10 ~25 次。

三、下肢力量练习方法

下肢力量主要包括大腿、小腿、脚踝的力量,由大腿部分的臀大肌、股二头肌、股直肌,小腿部分的腓肠肌,以及脚踝部分的一些肌肉组成。增强这些肌肉的力量能够使运动员的跳跃、跑动等技术动作很好地完成,同时能够较好地避免一些运动损伤的发生,如脚踝扭伤、小腿骨折、脱臼等。

适合中学生锻炼下肢力量的方法比较多,操作起来也较为方便,这些方法主要是在户外进行,比如一些简单的跳跃、跑动、下肢的静力支撑等都可以很好地发展下肢力量。

1. 台阶交换腿跳

台阶交换腿跳练习用以发展踝关节、小腿和大腿后侧肌肉力量的效果较好。练习者面对台阶一腿直立,另一腿弯曲前脚掌置于台阶上,此时膝关节的夹角约 90°为宜。练习时弯曲腿的脚掌发力,使身体用力向上腾起,同时双手向上摆,躯体保持直立。落下时交换腿,原直立腿置于台阶,弯曲腿直立,如此往复进行练习。一般练习 3 ~4 组,每组练习跳跃 15 ~30 次。

2. 单脚跳跃

单脚跳跃是发展下肢肌肉力量常用的方法,这种练习能够使下肢几乎所有的肌肉都得到锻炼,效果较好。它要求练习者单脚支撑,另一只脚弯曲折叠于体后,身体略向前倾。练习时,前脚掌发力使身体向前上方跳出,双手同时上摆,前脚掌支撑落地,落地后迅速发力跳起,如此往复,中间无间隔。每只脚跳跃 3 ~4 组,每组 10 ~20 次。

3. 双腿交换跳跃

双腿交换跳跃同单腿跳跃类似,在支撑腿跳跃两次后,跳跃结束落地时由原来的折叠腿换作支撑腿,原支撑腿折叠,开始下一次跳跃。练习 3 ~4 组,每组 10 ~20 次。

4. 负重奔跑

负重奔跑的方法对发展下肢力量素质效果较好，而且锻炼得比较全面，下肢的肌肉能够得到很好的锻炼。练习时，我们可以采用人背人的方式进行，这样容易操作，也较安全。将重物(人)背于背后，在跑道或阶梯上做跑动练习，注意整个跑动过程应当以前脚掌着地支撑发力。

知识拓展

爆发力

爆发力是指肌肉在极短时间内爆发出最大力量的能力。爆发力由两个身体素质组成，即速度与力量。速度是指肌肉发挥出最大力量的时间长短；力量是指肌肉在短时间爆发出力量的大小。

男子跳远

有学者用下列公式来表示爆发力：爆发力 = 力量 × 速度。

爆发力的计算单位为(马力、瓦特、公斤)·(米/秒)。爆发力为体能的基本要素之一，对短时间高强度的运动最为重要。例如：一位体重70公斤的人垂直跳70厘米，跳跃的时间为0.3秒。其爆发力计算方式如下：

$$70 \times 0.7 \div 0.3 \approx 163 \text{ 公斤·米·秒}^{-1}$$

1马力 = 75公斤·米·秒$^{-1}$。所以，该选手的爆发力相当于163 ÷ 75 ≈ 2.17马力。

爆发力分为下列三种：

第一，高爆发力(high power)，即30秒内的运动。

第二，中爆发力(middle power)，即30秒至5分钟间的运动。

第三，低爆发力(lower power)，即5分钟至15分钟间的运动。

根据此种区分方式，肌力与速度属于高爆发力，肌耐力属于中爆发力，耐力属于低爆发力。也就是说，大多数的运动都需要爆发力。

第二节　中学生速度素质练习方法

速度素质是指人体快速运动的能力，包括人体快速完成动作的能力，对外界信号刺激快速反应的能力，以及快速位移的能力。速度素质包括反应速度、动作速度和位移速度三种类型。

1. 原地快速跑

在原地做出快速跑动动作，身体重心降低，略向前倾。双脚后跟抬起，前脚掌蹬地，快速跑动，脚不宜抬得太高，离地即可，双脚交换频率要快，同时快速摆臂。完成3～5组练习，每组持续30秒，组间休息30秒。

2. 30米跑

从原地快速跑开始，接到跑出口令时，练习者须快速做出反应，向前方跑出。跑动时步频由慢逐渐变快，直到跑到30米达到最快。完成4～6组，组间休息1分钟。

3. 100米跑

体验100米跑，前30米把速度加到最大，之后保持该速度跑完全程。完成3～4组练习，组间休息3～5分钟。

4. 障碍跑

跑道上间隔10米设置一个标志物（或方向指示标志），距离50米。练习者从起点开始，全速跑出，接近标志物时，迅速绕过标志物，或根据指示标志的方向跑动，直到跑到终点，整个过程身体都不能触碰标志物。完成3～5组，组间休息30秒。

第三节　中学生耐力素质练习方法

耐力素质，是指机体运动时的持久能力，是骨骼肌系统长时间持续工作的能力，即机体对抗疲劳的能力。耐力包含两个方面，肌肉耐力（有氧耐力和无氧耐力）和心血管耐力，所以要提高机体的耐力就应当从这两方面入手，一是提高肌肉的持续工作能力，二是提高心血管系统的功能，这样最终才可能增强机体的运动持续能力。针对这两者的锻炼基本上是同时进行的，即中学生在参与体育运动时它们的功能会同时得到锻炼。

中学生的机体各方面都处于一个从发展到即将成型的阶段，耐力素质也是如此，这个时候如果加以锻炼，将有助于耐力素质的增强和提高。发展耐力素质不仅能提高中学生的体能，同时还能锻炼中学生的意志品质，培养学生吃苦耐劳、坚持不懈、坚韧坚强等优秀品格。

接下来就为大家介绍几种发展机体耐力的简单方法。

1. 匀速跑

匀速跑有助于增强中学生的有氧耐力素质，长时间的刺激能够提高心血管系统的供氧能力和肌肉的持续工作能力。应根据练习者自身的身体情况设定跑动的时间的长短。练习强度的评定一般以运动者的心率来确定，练习时心率以控制在120～150次/分为宜，时间不少于20分钟。练习者练习时应当注意跑动节奏和呼吸频率的调节，确保练习方法正确，从而达到锻炼心肺功能的目的。

2. 间歇跑（变速跑）

采用变速跑可以较好地发展练习者的有氧耐力水平，也能够进一步增强心血管耐力水平。练习时可以将练习负荷由小逐渐加大，比如将练习者的心率从120次/分逐渐提高到150次/分。在跑道上进行练习时，大家可以采取直道跑动，弯道走动的方式进行，时间应当持续30分钟以上。

3. 骑行运动（自行车）

骑行运动（自行车）可用以发展有氧耐力水平。练习时练习者的心率应控制在120～150次/分，时间应持续30分钟以上。

4. 短距离跑

短距离跑在发展中学生无氧耐力素质方面有较好效果。练习的项目包括400米、600米、800米等，初级锻炼者练习时以2～3组为宜，有一定基础的锻炼者可以适当地增加组数，一般练习3～5组，每组持续时间2～5分钟，组间隔休息时间一般为3～5分钟。

5. 往返跑

设定一根起跑线，距起跑线划3条目标线，分别为5米、10米、15米，然后从起跑线出发，跑到第一根线后迅速转身，回到起跑线，然后再转身跑向第二根线，如此往返进行，最后从第三根线处跑出结束。通过往返跑能够有效锻炼中学生的无氧耐力，同时也能较好地锻炼下肢力量和灵敏素质。练习者以全速或90%以上速度完成3～5次练习，组间休息1分钟。随着练习的进行，跑动速度可以逐渐递减。

6. 有氧操

进行健美操或啦啦操练习时，练习者应完成 2～3 次练习，持续运动 20 分钟以上，组间休息 3 分钟。

第四节　中学生灵敏素质练习方法

灵敏素质是指人体在各种突然变化的情况下，能够迅速、准确、协调、灵活地完成动作的能力，是人体各种运动技能和身体素质在运动中的综合表现。在高对抗性体育活动中（如篮球、足球、排球、击剑等），灵敏能力非常重要，良好的灵敏素质不仅有助于更快、更好、更准确、更协调地掌握运动技术，而且可以防止运动伤害的发生。另外，通过长时间灵敏素质的训练，还能够促进大脑和神经系统功能的增强，因为大脑皮层神经活动过程的灵活性及综合分析能力，是灵敏素质的重要生理基础。

灵敏素质是人体综合能力的表现，发展灵敏素质应当从发展机体素质的综合能力入手，重点训练中学生掌握动作的能力、反应能力、平衡能力等。为此，列出如下方法，供大家参考。

第一，固定转换体位的练习，如各种穿梭跑、8 字跑和折返跑等，这些练习主要锻炼人体的基本灵敏能力。

第二，跑、跳练习中做迅速改变方向的各种跑、躲闪、突然起动以及各种快速急停和迅速转身等练习。

第三，突然发出各种指令信号，练习者接收信号后，迅速做出应急反应，这种方法主要是提高人体应用灵敏的能力。

第四，练习器械、体操、武术中的一些复杂动作，以及速度、动作、力量、高度、方位等经常变化的不对称练习和各种球类活动。

知识拓展

人体健美

健美是与人的形体美密切相关联的，健美是形体美的基础。人体有对称的造型、均衡的比例、流畅的线条、坚强的骨骼、匀称的四肢、丰满的躯体、弹性的肌肉、健康的肤色，这是形体美不可缺少的条件。健美还要求具有充沛的精神、愉快的情绪、青春的活力。

美的人体应该是健、力、美的结合。美的人体应该是健康的，没有健康的身体，就没有人的形体美。只有健康、匀称的人体形象，才能表现出富有生命力的美，显示出生机勃勃和充沛的精力，健美才能成为人的本质力量的承载体。要造就健美的体型，应积极参加体育锻炼和适当的体力劳动，因为健美可以通过后天锻炼获得。人的身体结构是十分完善的，具有极大的可塑性。补充必要的营养、经常参加劳动、坚持体育锻炼，是促进健美的条件，能使肢体各个部位得到均衡发展，使肌肉结实而富有弹性、关节灵活、体型完善、面色红润。

古希腊时代的运动健将就用举重物来锻炼身体，并得到强壮健美的体形，这些健美的运动员，被雕塑家“记录”下来并留存至今。这是健美运动的早期萌芽。十九世纪晚期，德国人尤金·山道首创了通过各种姿态来展示人体美的方法，而且为现代健美运动的发展奠定了基础，所以他被公认为“国际健美运动的创始人”和“世界上第一位健美运动员”。

现代的健美运动以展示人体美为特征。男子的健美标准是：身材高大而强壮，肌肉发达而均衡，肩宽臂圆，体力充沛，体质健康，等等。女子健美标准是：体形匀称，姿态优雅，胸部丰满，肩圆腰细，肤色光洁润泽，等等。健美要与心灵美相结合，有了健康美好的心灵，才能有健康美好的情绪，才能有健康美好的姿态动作和健康美好的行为，只有心灵美，才能有真正的健美。

作为体育运动的健美，即竞技健美，是指健美运动员向裁判团展示各自的身材，由裁判团根据他们外观符合审美的程度进行评分。肌肉的展现是通过减脂、涂油、皮肤晒黑（或涂抹晒黑油），并结合现场灯光效果使肌肉群的轮廓更加清晰。知名的健美运动员有陈康（中国）、牟丛（中国，女）、阿诺德·施瓦辛格（Arnold Schwarzenegger）、多利安·耶茨（Dorian Yates）、罗·佛里格诺（Lou Ferrigno）、弗朗哥·哥伦布（Franco Columbo）、弗兰克·赞恩（Frank Zane）、李·哈尼（Lee Haney）、罗尼·库尔曼（Ronnie Coleman）、杰·卡特（Jay Cutler）和德克斯塔·杰克逊（Dexter Jackson）等。

思考与提高

1. 人体有哪些基本的机能素质?

2. 如何进行力量素质的练习?

3. 耐力素质的锻炼方法有哪些?

4. 分享一个能够锻炼灵敏素质的游戏或体育活动。

5. 除了教材中所列举的锻炼方法以外,你还知道哪些锻炼身体的方法?

附录一:主要食物营养成分

附表1-1　每百克食物所含的成分参考

类别	食物名称	蛋白质（克）	脂肪（克）	碳水化合物（克）	热量（千卡）	矿物质（克）	钙（毫克）	磷（毫克）	铁（毫克）
谷面类	大米	7.5	0.5	79.0	351.0	0.4	10.0	100.0	1.0
	小米	9.7	1.7	77.0	362.0	1.4	21.0	240.0	4.7
	米饭	2.6	0.3	25.9	116.0				
	粥	1.1	0.3	9.9	46.0				
	玉米粥	7.2	3.7	81.9	390.0				
	高粱米	8.2	2.2	78.0	385.0	0.4	17.0	230.0	5.0
	玉蜀黍	8.5	4.3	73.0	365.0	1.7	22.0	210.0	1.6
	大麦仁	10.5	2.2	66.0	326.0	2.6	43.0	400.0	4.1
	面粉	12.0	0.8	70.0	339.0	1.5	22.0	180.0	7.6
	馒头	7.0	1.1	47.0	221.0				
	面包	8.3	5.1	58.6	312.0				
	面条	8.3	0.7	61.9	284.0				
	油条	6.9	17.6	51.0	386.0				
	方便面	9.5	21.1	60.9	472.0				
	花卷	6.4	1.0	45.6	217.0				
	燕麦粥(1碗)	6.0	2.0	25.0	145.0				
	全谷类食物	3.0	1.0	24.0	110.0				
	全麦面包(1片)	3.0	1.0	13.0	69.0				
	小煎饼(1块)	26.0	2.0	20.0	128.0				
	松糕(1块)	5.0	1.0	25.0	127.0				
	果酱馅饼(1块)	6.0	2.0	35.0	170.0				
	白米饭(1碗)	4.0	0.0	44.0	205.0				
	黑米饭(1碗)	5.0	1.0	45.0	216.0				
	通心粉(1碗)	7.0	1.0	40.0	197.0				
	面条(1碗)	7.0	1.0	40.0	197.0				

续表

类别	食物名称	蛋白质（克）	脂肪（克）	碳水化合物（克）	热量（千卡）	矿物质（克）	钙（毫克）	磷（毫克）	铁（毫克）
谷面类	全麦饼干(5片)	2.0	3.0	14.0	89.0				
	全麦点心(1块)	3.0		23.0	103.0				
干豆类	黄豆	39.2	17.4	25.0	413.0	5.0	320.0	570.0	5.9
	青豆	37.3	18.3	30.0	434.0	5.0	240.0	530.0	5.4
	黑豆	49.8	12.1	19.0	384.0	4.0	250.0	450.0	10.5
	赤小豆	20.7	0.5	58.0	318.0	3.3	67.0	305.0	5.2
	绿豆	22.1	0.8	59.0	332.0	3.3	34.0	222.0	9.7
	花豇豆	22.6	2.1	58.0	341.0	2.5	100.0	456.0	7.9
	豌豆	24.0	1.0	58.0	339.0	2.9	57.0	225.0	0.8
	蚕豆	28.2	0.8	49.0	318.0	2.7	71.0	340.0	7.0
鲜豆类	青扁豆荚	3.0	0.2	6.0	38.0	0.7	132.0	77.0	0.9
	白扁豆荚	3.2	0.3	5.0	36.0	0.8	81.0	68.0	3.4
	四季豆	1.9	0.8	4.0	31.0	0.7	66.0	49.0	1.6
	豌豆	7.2	0.3	12.0	80.0	0.9	13.0	90.0	0.8
	蚕豆	9.0	0.7	11.0	86.0	1.2	15.0	217.0	1.7
	菜豆角	2.4	0.2	4.0	27.0	0.6	53.0	63.0	1.0
	黄豆芽	11.5	2.0	7.0	92.0	1.4	68.0	102.0	6.4
	豆腐浆	1.6	0.7	1.0	17.0	0.2			
	北豆腐	9.2	1.2	6.0	72.0	0.9	110.0	110.0	3.6
	豆腐乳	14.6	5.7	5.0	30.0	7.8	167.0	200.0	12.0
	绿豆芽	3.2	0.1	4.0	30.0	0.4	23.0	51.0	0.9
	豆腐渣	2.6	0.3	7.0	41.0	0.7	16.0	44.0	4.0
	豆浆	1.8	0.7	1.1	14.0				
	豆腐	8.1	3.7	4.2	81.0				
	豆腐丝	21.5	10.5	5.1	201.0				
	豆腐干	16.2	3.6	10.7	140.0				
根茎类	小葱	1.4	0.3	5.0	28.0	0.8	63.0	28.0	1.0
	大葱	1.0	0.3	6.0	31.0	0.3	12.0	46.0	0.6

续表

类别	食物名称	蛋白质（克）	脂肪（克）	碳水化合物（克）	热量（千卡）	矿物质（克）	钙（毫克）	磷（毫克）	铁（毫克）
根茎类	葱头/大蒜	4.4	0.2	23.0	111.0	1.3	5.0	44.0	0.4
	芋头	2.2	0.1	16.0	74.0	0.8	19.0	51.0	0.6
	红萝卜	2.0	0.4	5.0	32.0	1.4	19.0	23.0	1.9
	荸荠	1.5	0.1	21.0	91.0	1.5	5.0	68.0	0.5
	红薯	2.3	0.2	29.0	127.0	0.9	18.0	20.0	0.4
	藕	1.0	0.1	6.0	29.0	0.7	19.0	51.0	0.5
	白萝卜	0.6		6.0	26.0	0.8	49.0	34.0	0.5
	马铃薯	1.9	0.7	28.0	126.0	1.2	11.0	59.0	0.9
叶菜类	黄花菜	2.9	0.5	12.0	64.0	1.2	73.0	69.0	1.4
	黄花	14.1	0.4	60.0	300.0	7.0	463.0	173.0	16.5
	菠菜	2.0	0.2	2.0	18.0	2.0	70.0	34.0	2.5
	韭菜	2.4	0.5	4.0	30.0	0.9	56.0	45.0	1.3
	苋菜	2.5	0.4	5.0	34.0	2.3	200.0	46.0	4.8
	油菜(胡菜)	2.0	0.1	4.0	25.0	1.4	140.0	52.0	3.4
	大白菜	1.4	0.3	3.0	19.0	0.7	33.0	42.0	0.4
	小白菜	1.1	0.1	2.0	13.0	0.8	86.0	27.0	1.2
	洋白菜	1.3	0.3	4.0	24.0	0.8	100.0	56.0	1.9
	生菜	1.4	0.4	2.1	15.0				
	香菜	2.0	0.3	7.0	39.0	1.5	170.0	49.0	5.6
	芹菜茎	2.2	0.3	2.0	20.0	1.0	160.0	61.0	8.5
菌类	蘑菇(鲜)	2.9	0.2	3.0	25.0	0.6	8.0	66.0	1.3
	口蘑(干)	35.6	1.4	23.0	247.0	16.2	100.0	162.0	32.0
	香菌	13.0	1.8	54.0	384.0	4.8	124.0	415.0	25.3
	黑木耳	10.6	0.2	65.0	304.0	5.8	357.0	201.0	185.0
海菜类	海带(干)	8.2	0.1	57.0	262.0	12.9	2250.0		150.0
	海带	1.8	0.1	17.3	77.0				
	海参	6.0	0.1	0.0	24.0				
	紫菜	24.5	0.9	31.0	230.0	30.3	330.0	440.0	32.0

续表

类别	食物名称	蛋白质（克）	脂肪（克）	碳水化合物（克）	热量（千卡）	矿物质（克）	钙（毫克）	磷（毫克）	铁（毫克）
茄瓜果类	南瓜	0.8		3.0	15.0	0.5	27.0	22.0	0.2
茄瓜果类	西葫芦	0.6		2.0	10.0	0.6	17.0	47.0	0.2
茄瓜果类	瓠子	0.6	0.1	3.0	15.0	0.4	12.0	17.0	0.3
茄瓜果类	丝瓜	1.5	0.1	5.0	27.0	0.5	28.0	45.0	0.8
茄瓜果类	茄子	2.3	0.1	3.0	22.0	0.5	22.0	31.0	0.4
茄瓜果类	冬瓜	0.4		2.0	10.0	0.3	19.0	12.0	0.3
茄瓜果类	西瓜	1.2		4.0	21.0	0.2	6.0	10.0	0.2
茄瓜果类	甜瓜	0.3	0.1	4.0	18.0	0.4	27.0	12.0	0.4
茄瓜果类	菜瓜	0.9		2.0	12.0	0.3	24.0	11.0	0.2
茄瓜果类	黄瓜	0.8	0.2	2.0	13.0	0.5	25.0	37.0	0.4
茄瓜果类	西红柿	0.6	0.3	2.0	13.0	0.4	8.0	32.0	0.4
水果类	柿	0.7	0.1	11.0	48.0	2.9	10.0	19.0	0.2
水果类	枣	1.2	0.2	24.0	103.0	0.4	41.0	23.0	0.5
水果类	苹果	0.2	0.6	15.0	60.0	0.2	11.0	9.0	0.3
水果类	香蕉	1.2	0.6	20.0	90.0	0.7	10.0	35.0	0.8
水果类	橘子	0.7	0.2	11.9	51.0				
水果类	梨	0.1	0.1	12.0	49.0	0.3	5.0	6.0	0.2
水果类	杏	0.9		10.0	44.0	0.6	26.0	24.0	0.8
水果类	李	0.5	0.2	9.0	40.0		17.0	20.0	0.5
水果类	桃	0.8	0.1	7.0	32.0	0.5	8.0	20.0	1.0
水果类	猕猴桃	0.8	0.6	14.5	56.0				
水果类	樱桃	1.2	0.3	8.0	40.0	0.6	6.0	31.0	5.9
水果类	葡萄	0.2		10.0	41.0	0.2	4.0	15.0	0.6
干果及硬果	熟花生仁	26.5	44.8	20.0	589.0	3.1	71.0	399.0	2.0
干果及硬果	栗子	4.8	1.5	44.0	209.0	1.1	15.0	91.0	1.7
干果及硬果	杏仁(炒熟)	25.7	51.0	9.0	597.0	2.5	141.0	202.0	3.9
干果及硬果	菱角(生)	3.6	0.5	24.0	115.0	1.7	9.0	49.0	0.7
干果及硬果	红枣(干)	3.3	0.5	73.0	309.0	1.4	61.0	55.0	1.6

续表

类别	食物名称	蛋白质（克）	脂肪（克）	碳水化合物（克）	热量（千卡）	矿物质（克）	钙（毫克）	磷（毫克）	铁（毫克）
爬虫	田鸡	11.9	0.3	0.2	51.0	0.6	22.0	159.0	1.3
	甲鱼	16.5	1.0	1.5	81.0	0.9	107.0	135.0	1.4
走兽类	牛肉	20.1	10.2	0.0	172.0	1.1	7.0	170.0	0.9
	上等牛腰肉	30.0	6.0	0.0	180.0				
	酱牛肉	31.4	11.9	3.2	246.0				
	烤牛肉	8.0	1.0	2.0	50.0				
	牛肝	18.9	2.6	9.0	135.0	0.9	13.0	400.0	9.0
	羊肉	11.1	28.8	0.5	306.0	0.9	11.0	129.0	2.0
	小羊腿	28.0	8.0	0.0	191.0				
	羊肝	18.5	7.2	4.0	155.0	1.4	9.0	414.0	6.6
	猪肉	16.9	29.2	1.1	335.0	0.9	11.0	170.0	0.4
	猪肉(肥瘦)	13.2	37.0	2.4	395.0				
	猪肉(瘦)	20.3	6.2	1.5	143.0				
	嫩猪肉	28.0	5.0	0.0	164.0				
	薰猪肉	11.0	4.0	1.0	86.0				
	火腿	21.0	6.0	2.0	145.0				
	火腿肠	14.0	10.4	15.6	212.0				
	猪肝	20.1	4.0	2.9	128.0	1.8	11.0	270.0	25.0
乳类	牛奶(鲜)	3.1	3.5	4.6	62.0	0.7	120.0	90.0	0.1
	牛奶	3.0	3.2	3.4	54.0				
	酸奶	2.5	2.7	9.3	72.0				
	奶酪	25.7	23.5	3.5	328.0				
	全脂奶粉	20.1	21.2	51.7	478.0				
	脱脂奶粉	35.9	0.8	52.3	360.0				
	豆奶	19.0	8.0	68.7	423.0				
	牛奶粉	25.6	26.7	35.6	48.5		900.0		0.8
	羊奶(鲜)	3.8	4.1	4.6	71.0	0.9	140.0		0.7

续表

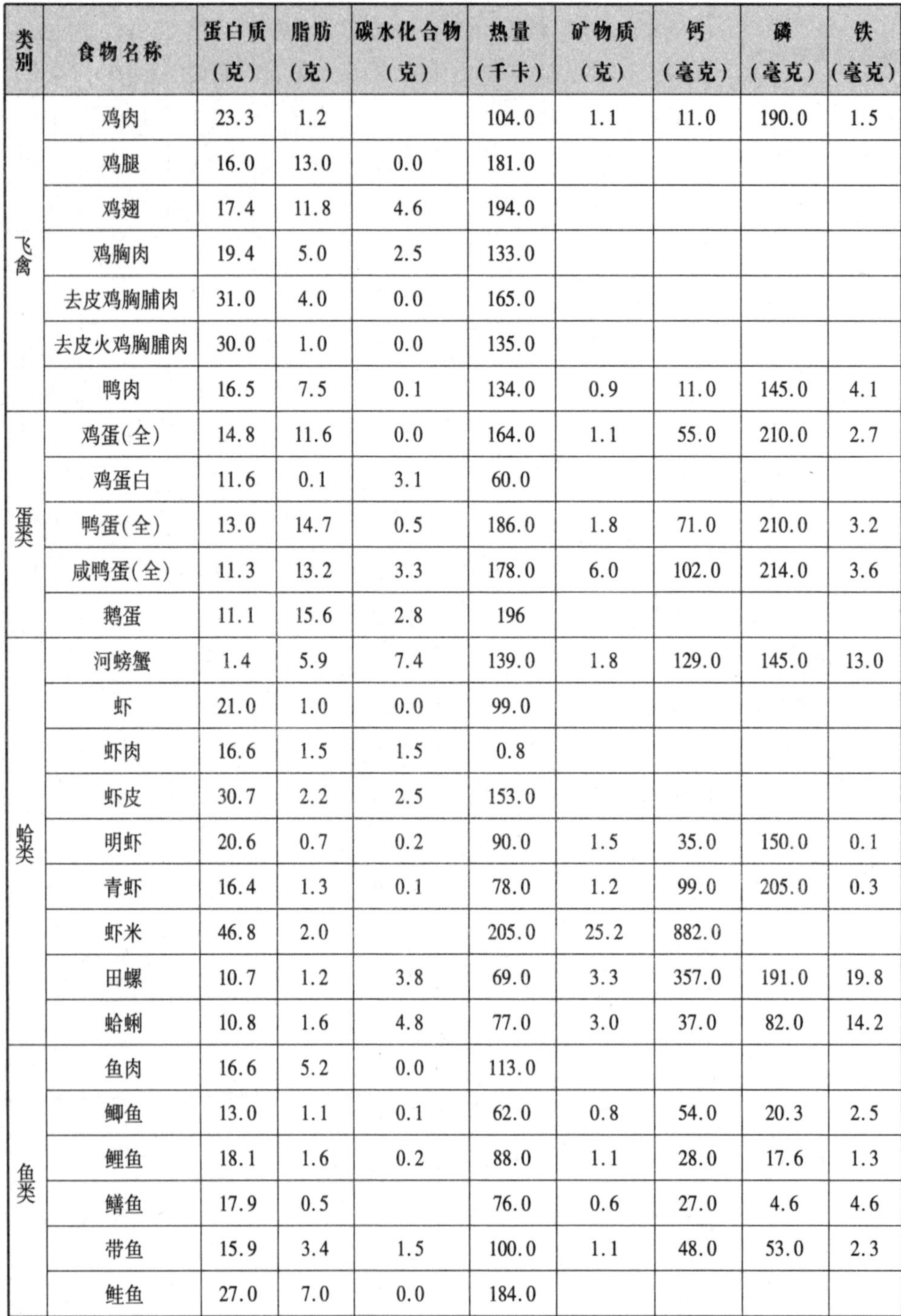

类别	食物名称	蛋白质（克）	脂肪（克）	碳水化合物（克）	热量（千卡）	矿物质（克）	钙（毫克）	磷（毫克）	铁（毫克）
飞禽	鸡肉	23.3	1.2		104.0	1.1	11.0	190.0	1.5
	鸡腿	16.0	13.0	0.0	181.0				
	鸡翅	17.4	11.8	4.6	194.0				
	鸡胸肉	19.4	5.0	2.5	133.0				
	去皮鸡胸脯肉	31.0	4.0	0.0	165.0				
	去皮火鸡胸脯肉	30.0	1.0	0.0	135.0				
	鸭肉	16.5	7.5	0.1	134.0	0.9	11.0	145.0	4.1
蛋类	鸡蛋(全)	14.8	11.6	0.0	164.0	1.1	55.0	210.0	2.7
	鸡蛋白	11.6	0.1	3.1	60.0				
	鸭蛋(全)	13.0	14.7	0.5	186.0	1.8	71.0	210.0	3.2
	咸鸭蛋(全)	11.3	13.2	3.3	178.0	6.0	102.0	214.0	3.6
	鹅蛋	11.1	15.6	2.8	196				
蛤类	河螃蟹	1.4	5.9	7.4	139.0	1.8	129.0	145.0	13.0
	虾	21.0	1.0	0.0	99.0				
	虾肉	16.6	1.5	1.5	0.8				
	虾皮	30.7	2.2	2.5	153.0				
	明虾	20.6	0.7	0.2	90.0	1.5	35.0	150.0	0.1
	青虾	16.4	1.3	0.1	78.0	1.2	99.0	205.0	0.3
	虾米	46.8	2.0		205.0	25.2	882.0		
	田螺	10.7	1.2	3.8	69.0	3.3	357.0	191.0	19.8
	蛤蜊	10.8	1.6	4.8	77.0	3.0	37.0	82.0	14.2
鱼类	鱼肉	16.6	5.2	0.0	113.0				
	鲫鱼	13.0	1.1	0.1	62.0	0.8	54.0	20.3	2.5
	鲤鱼	18.1	1.6	0.2	88.0	1.1	28.0	17.6	1.3
	鳝鱼	17.9	0.5		76.0	0.6	27.0	4.6	4.6
	带鱼	15.9	3.4	1.5	100.0	1.1	48.0	53.0	2.3
	鲑鱼	27.0	7.0	0.0	184.0				

续表

类别	食物名称	蛋白质（克）	脂肪（克）	碳水化合物（克）	热量（千卡）	矿物质（克）	钙（毫克）	磷（毫克）	铁（毫克）
鱼类	比目鱼	27.0	3.0	0.0	140.0				
	金枪鱼	25.0	1.0	0.0	116.0				
	黄花鱼	17.2	0.7	0.3	76.0	0.9	31.0	204.0	1.8
油脂及其他	猪油(炼)		99.0		891.0				
	食用油	0.0	99.9	0.0	899.0				
	黑芝麻	19.1	46.1	10.0	531.0				
	芝麻油		100.0		900.0				
	花生油		100.0		900.0				
	芝麻酱	20.0	52.9	15.0	616.0	5.2	870.0	530.0	58.0
	豆油		100.0		900.0				
	醋	2.1	0.3	4.9	31.0				
	白糖	0.0	0.0	98.9	396.0				
	冰糖	0.0	0.0	99.3	397.0				
	奶糖	2.5	6.6	84.5	407.0				
	巧克力	4.3	40.1	51.9	586.0				

资料来源：杨月欣主编《中国食物成分表》，北京大学医学出版社，2019。

附录二:全国中学生身高标准体重对照

附表2－1　高中一年级至高中三年级男生身高标准体重(体重单位:公斤)

身高段	营养不良	较低体重	正常体重	超重	肥胖
(厘米)	50分	60分	100分	60分	50分
140.0～140.9	<32.1	32.1～40.3	40.4～46.3	46.4～48.3	≥48.4
141.0～141.9	<32.4	32.4～40.7	40.8～47.0	47.1～49.1	≥49.2
142.0～142.9	<32.8	32.8～41.2	41.3～47.7	47.8～49.8	≥49.9
143.0～143.9	<33.3	33.3～41.7	41.8～48.2	48.3～50.3	≥50.4
144.0～144.9	<33.6	33.6～42.2	42.3～48.8	48.9～51.0	≥51.1
145.0～145.9	<34.0	34.0～42.7	42.8～49.5	49.6～51.7	≥51.8
146.0～146.9	<34.4	34.4～43.3	43.4～50.1	50.2～52.3	≥52.4
147.0～147.9	<35.0	35.0～43.9	44.0～50.8	50.9～53.1	≥53.2
148.0～148.9	<35.6	35.6～44.5	44.6～51.4	51.5～53.7	≥53.8
149.0～149.9	<36.2	36.2～45.1	45.2～52.2	52.3～54.5	≥54.6
150.0～150.9	<36.7	36.7～45.7	45.8～52.8	52.9～55.1	≥55.2
151.0～151.9	<37.3	37.3～46.2	46.3～53.4	53.5～55.8	≥55.9
152.0～152.9	<37.7	37.7～46.8	46.9～54.0	54.1～56.4	≥56.5
153.0～153.9	<38.2	38.2～47.4	47.5～54.6	54.7～57.0	≥57.1
154.0～154.9	<38.9	38.9～48.1	48.2～55.3	55.4～57.7	≥57.8
155.0～155.9	<39.6	39.6～48.8	48.9～56.0	56.1～58.4	≥58.5
156.0～156.9	<40.4	40.4～49.6	49.7～57.0	57.1～59.4	≥59.5
157.0～157.9	<41.0	41.0～50.3	50.4～57.7	57.8～60.1	≥60.2
158.0～158.9	<41.7	41.7～51.0	51.1～58.5	58.6～61.0	≥61.1
159.0～159.9	<42.4	42.4～51.7	51.8～59.2	59.3～61.7	≥61.8
160.0～160.9	<43.1	43.1～52.5	52.6～60.0	60.1～62.5	≥62.6
161.0～161.9	<43.8	43.8～53.3	53.4～60.8	60.9～63.3	≥63.4
162.0～162.9	<44.5	44.5～54.0	54.1～61.5	61.6～64.0	≥64.1
163.0～163.9	<45.3	45.3～54.8	54.9～62.5	62.6～65.0	≥65.1
164.0～164.9	<45.9	45.9～55.5	55.6～63.2	63.3～65.7	≥65.8
165.0～165.9	<46.5	46.5～56.3	56.4～64.0	64.1～66.5	≥66.6
166.0～166.9	<47.1	47.1～57.0	57.1～64.7	64.8～67.2	≥67.3

续表

身高段 （厘米）	营养不良 50 分	较低体重 60 分	正常体重 100 分	超重 60 分	肥胖 50 分
167.0～167.9	＜48.0	48.0～57.8	57.9～65.6	65.7～68.2	≥68.3
168.0～168.9	＜48.7	48.7～58.5	58.6～66.3	66.4～68.9	≥69.0
169.0～169.9	＜49.3	49.3～59.2	59.3～67.0	67.1～69.6	≥69.7
170.0～170.9	＜50.1	50.1～60.0	60.1～67.8	67.9～70.4	≥70.5
171.0～171.9	＜50.7	50.7～60.6	60.7～68.8	68.9～71.2	≥71.3
172.0～172.9	＜51.4	51.4～61.5	61.6～69.5	69.6～72.1	≥72.2
173.0～173.9	＜52.1	52.1～62.2	62.3～70.3	70.4～73.0	≥73.1
174.0～174.9	＜52.9	52.9～63.0	63.1～71.3	71.4～74.0	≥74.1
175.0～175.9	＜53.7	53.7～63.8	63.9～72.2	72.3～75.0	≥75.1
176.0～176.9	＜54.4	54.4～64.5	64.6～73.1	73.2～75.9	≥76.0
177.0～177.9	＜55.2	55.2～65.2	65.3～73.9	74.0～76.8	≥76.9
178.0～178.9	＜55.7	55.7～66.0	66.1～74.9	75.0～77.8	≥77.9
179.0～179.9	＜56.4	56.4～66.7	66.8～75.7	75.8～78.7	≥78.8
180.0～180.9	＜57.1	57.1～67.4	67.5～76.4	76.5～79.4	≥79.5
181.0～181.9	＜57.7	57.7～68.1	68.2～77.4	77.5～80.6	≥80.7
182.0～182.9	＜58.5	58.5～68.9	69.0～78.5	78.6～81.7	≥81.8
183.0～183.9	＜59.2	59.2～69.6	69.7～79.4	79.5～82.6	≥82.7
184.0～184.9	＜60.0	60.0～70.4	70.5～80.3	80.4～83.6	≥83.7
185.0～185.9	＜60.8	60.8～71.2	71.3～81.3	81.4～84.6	≥84.7
186.0～186.9	＜61.5	61.5～72.0	72.1～82.2	82.3～85.6	≥85.7
187.0～187.9	＜62.3	62.3～72.9	73.0～83.3	83.4～86.7	≥86.8
188.0～188.9	＜63.0	63.0～73.7	73.8～84.2	84.3～87.7	≥87.8
189.0～189.9	＜63.9	63.9～74.5	74.6～85.0	85.1～88.5	≥88.6
190.0～190.9	＜64.6	64.6～75.4	75.5～86.2	86.3～89.8	≥89.9

资料来源:《国家学生体质健康标准解读》编委会编著《国家学生体质健康标准解读》,人民教育出版社,2007。

身高低于表中所列出的最低身高段的下限值时,身高每低 1 厘米,实测体重需加上 0.5 公斤,实测身高需加上 1 厘米,再查表确定分值。身高高于表中所列出的最高身高段时,身高每高 1 厘米,其实测体重需减去 0.9 公斤,实测身高需减去 1 厘米,再查表确定分值。

附表2－2　高中一年级至高中三年级女生身高标准体重(体重单位:公斤)

身高段	营养不良	较低体重	正常体重	超重	肥胖
(厘米)	50分	60分	100分	60分	50分
140.0～140.9	＜33.8	33.8～40.3	40.4～48.0	48.1～50.5	≥50.6
141.0～141.9	＜34.3	34.3～40.9	41.0～48.7	48.8～51.3	≥51.4
142.0～142.9	＜34.6	34.6～41.4	41.5～49.2	49.3～51.8	≥51.9
143.0～143.9	＜35.0	35.0～41.8	41.9～49.9	50.0～52.6	≥52.7
144.0～144.9	＜35.3	35.3～42.2	42.3～50.3	50.4～53.0	≥53.1
145.0～145.9	＜35.6	35.6～42.7	42.8～51.0	51.1～53.7	≥53.8
146.0～146.9	＜36.1	36.1～43.2	43.3～51.6	51.7～54.4	≥54.5
147.0～147.9	＜36.7	36.7～43.8	43.9～52.4	52.5～55.2	≥55.3
148.0～148.9	＜37.0	37.0～44.3	44.4～52.9	53.0～55.7	≥55.8
149.0～149.9	＜37.4	37.4～44.8	44.9～53.4	53.5～56.2	≥56.3
150.0～150.9	＜37.9	37.9～45.3	45.4～54.0	54.1～56.9	≥57.0
151.0～151.9	＜38.4	38.4～45.8	45.9～54.5	54.6～57.4	≥57.5
152.0～152.9	＜38.9	38.9～46.3	46.4～55.2	55.3～57.9	≥58.0
153.0～153.9	＜39.4	39.4～46.8	46.9～55.7	55.8～58.6	≥58.7
154.0～154.9	＜40.0	40.0～47.4	47.5～56.4	56.5～59.4	≥59.5
155.0～155.9	＜40.5	40.5～47.9	48.0～56.9	57.0～59.9	≥60.0
156.0～156.9	＜41.1	41.1～48.5	48.6～57.5	57.6～60.5	≥60.6
157.0～157.9	＜41.6	41.6～49.1	49.2～58.1	58.2～61.1	≥61.2
158.0～158.9	＜42.0	42.0～49.6	49.7～58.8	58.9～61.8	≥61.9
159.0～159.9	＜42.5	42.5～50.2	50.3～59.5	59.6～62.6	≥62.7
160.0～160.9	＜43.0	43.0～50.7	50.8～60.0	60.1～63.1	≥63.2
161.0～161.9	＜43.5	43.5～51.2	51.3～60.7	60.8～63.8	≥63.9
162.0～162.9	＜44.0	44.0～51.7	51.8～61.2	61.3～64.3	≥64.4
163.0～163.9	＜44.4	44.4～52.2	52.3～61.8	61.9～65.0	≥65.1
164.0～164.9	＜44.8	44.8～52.7	52.8～62.3	62.4～65.5	≥65.6
165.0～165.9	＜45.2	45.2～53.1	53.2～62.7	62.8～65.9	≥66.0
166.0～166.9	＜45.6	45.6～53.6	53.7～63.4	63.5～66.6	≥66.7
167.0～167.9	＜46.1	46.1～54.1	54.2～64.1	64.2～67.1	≥67.2

续表

身高段（厘米）	营养不良	较低体重	正常体重	超重	肥胖
	50 分	60 分	100 分	60 分	50 分
168.0～168.9	< 46.6	46.6～54.6	54.7～64.9	65.0～67.6	≥67.7
169.0～169.9	< 47.1	47.1～55.2	55.3～65.3	65.4～68.4	≥68.5
170.0～170.9	< 47.6	47.6～55.7	55.8～65.8	65.9～68.9	≥69.0
171.0～171.9	< 48.1	48.1～56.4	56.5～66.3	66.4～69.6	≥69.7
172.0～172.9	< 48.7	48.7～57.0	57.1～67.1	67.2～70.4	≥70.5
173.0～173.9	< 49.3	49.3～57.6	57.7～67.7	67.8～71.0	≥71.1
174.0～174.9	< 49.9	49.9～58.2	58.3～68.3	68.4～71.6	≥71.7
175.0～175.9	< 50.5	50.5～58.9	59.0～69.1	69.2～72.5	≥72.6
176.0～176.9	< 50.9	50.9～59.5	59.6～69.9	70.0～73.3	≥73.4
177.0～177.9	< 51.6	51.6～60.2	60.3～70.6	70.7～74.0	≥74.1
178.0～178.9	< 52.1	52.1～60.9	61.0～71.4	71.5～74.9	≥75.0
179.0～179.9	< 52.6	52.6～61.5	61.6～72.0	72.1～75.5	≥75.6
180.0～180.9	< 53.3	53.3～62.2	62.3～72.7	72.8～76.2	≥76.3
181.0～181.9	< 53.8	53.8～62.8	62.9～73.3	73.4～76.8	≥76.9
182.0～182.9	< 54.4	54.4～63.4	63.5～73.9	74.0～77.4	≥77.5
183.0～183.9	< 55.0	55.0～64.0	64.1～74.7	74.8～78.2	≥78.3
184.0～184.9	< 55.4	55.4～64.6	64.7～75.3	75.4～78.8	≥78.9
185.0～185.9	< 55.8	55.8～65.3	65.4～76.1	76.2～79.7	≥79.8

资料来源:《国家学生体质健康标准解读》编委会编著《国家学生体质健康标准解读》,人民教育出版社,2007。

身高低于表中所列出的最低身高段的下限值时,身高每低 1 厘米,实测体重需加上 0.5 公斤,实测身高需加上 1 厘米,再查表确定分值。身高高于表中所列出的最高身高段时,身高每高 1 厘米,其实测体重需减去 0.9 公斤,实测身高需减去 1 厘米,再查表确定分值。

附录三：全国中学生体质测试项目评分标准①

附表 3－1　高中一年级男生各测试项目评分标准

等级	单项得分	肺活量体重指数	1000 米	台阶试验	50 米跑（秒）	立定跳远（米）	掷实心球（米）	握力体重指数	引体向上（次）	坐位体前屈（厘米）	跳绳（次/1 分钟）	篮球运球（秒）	足球运球（秒）	排球垫球（次）
优秀	100	82	3′28″	68	6.6	2.58	13.6	92	23	20.8	185	9.2	7.2	40
	98	81	3′31″	67	6.7	2.57	13.2	91	22	20.4	180	9.6	7.4	39
	96	80	3′34″	66	6.8	2.55	12.6	90	21	19.9	173	10.2	7.8	37
	94	79	3′37″	65	6.9	2.54	12.0	88	20	19.4	165	10.9	8.2	35
	92	78	3′40″	64	7.0	2.52	11.2	87	19	18.7	155	11.7	8.6	33
	90	76	3′43″	62	7.1	2.50	10.4	85	18	18.0	145	12.6	9.1	30
良好	87	75	3′47″	61	7.2	2.47	10.2	83	17	17.1	141	13.0	9.4	29
	84	73	3′51″	59	7.4	2.44	9.8	81	16	15.8	134	13.5	9.8	27
	81	71	3′56″	58	7.5	2.40	9.4	78	15	14.4	128	14.1	10.2	25
	78	68	4′01″	55	7.7	2.34	8.9	75	14	12.6	119	14.9	10.8	23
	75	66	4′06″	53	7.9	2.29	8.5	71	13	10.8	110	15.6	11.3	20
及格	72	64	4′11″	52	8.0	2.26	8.2	69	12	9.7	105	16.2	11.6	19

① 摘自全国学生体质健康网（网址：www.csh.edu.cn）

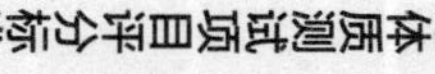

续表

等级	单项得分	肺活量体重指数	1000 米	台阶试验	50 米跑（秒）	立定跳远(米)	掷实心球(米)	握力体重指数	引体向上(次)	坐位体前屈(厘米)	跳绳（次/1 分钟）	篮球运球(秒)	足球运球(秒)	排球垫球(次)
及格	69	61	4′16″	51	8.1	2.21	7.7	66	11	8.0	96	17.2	12.1	17
	66	59	4′21″	50	8.2	2.17	7.2	63	10	6.3	88	18.1	12.6	15
	63	55	4′26″	48	8.3	2.10	6.6	59	9	4.0	77	19.4	13.2	12
	60	52	4′31″	46	8.4	2.04	6.0	55	8	1.7	66	20.6	13.8	9
不及格	50	51	4′40″	45	8.5	2.02	5.8	54	6	1.0	62	21.4	14.2	8
	40	49	4′50″	44	8.6	1.99	5.5	52	5	−0.1	55	22.7	14.7	7
	30	48	5′00″	43	8.7	1.96	5.2	50	4	−1.1	48	23.9	15.2	6
	20	45	5′10″	42	8.9	1.92	4.8	48	3	−2.5	39	25.6	15.9	5
	10	43	5′20″	40	9.0	1.89	4.4	46	2	−3.8	30	27.2	16.6	3

附表 3－2　高中一年级女生各测试项目评分标准

等级	单项得分	肺活量体重指数	800 米	台阶试验	50 米跑（秒）	立定跳远（米）	掷实心球（米）	握力体重指数	仰卧起坐（次/1 分钟）	坐位体前屈（厘米）	跳绳（次/1 分钟）	篮球运球（秒）	足球运球（秒）	排球垫球（次）
优秀	100	68	3′24″	68	7.8	2.01	8.0	70	51	20.3	175	11.8	7.9	35
	98	67	3′27″	67	7.9	2.00	7.9	69	50	20.0	170	12.1	8.4	34
	96	66	3′29″	66	8.0	1.98	7.8	68	49	19.5	163	12.6	9.2	32
	94	65	3′32″	64	8.1	1.97	7.7	67	48	19.1	155	13.2	10.0	30
	92	64	3′35″	62	8.3	1.95	7.6	65	47	18.4	145	13.9	11.1	28
	90	63	3′38″	60	8.4	1.93	7.4	63	45	17.8	135	14.6	12.1	25
良好	87	62	3′42″	59	8.5	1.91	7.3	62	44	17.0	131	15.3	12.5	24
	84	60	3′46″	57	8.6	1.87	7.2	60	43	15.7	125	16.4	13.1	22
	81	59	3′50″	54	8.7	1.84	7.1	58	41	14.4	119	17.5	13.8	21
	78	56	3′54″	52	8.8	1.79	7.0	55	39	12.7	110	19.0	14.6	18
	75	54	3′58″	49	8.9	1.75	6.8	52	37	11.0	102	20.4	15.5	16
及格	72	52	4′03″	48	9.0	1.72	6.7	51	36	10.0	97	21.2	16.2	15
	69	50	4′08″	47	9.1	1.67	6.6	48	33	8.3	90	22.3	17.3	14
	66	47	4′13″	45	9.2	1.63	6.4	46	31	6.7	82	23.4	18.4	13
	63	44	4′18″	44	9.3	1.57	6.2	43	28	4.5	72	24.9	19.9	11
	60	41	4′23″	42	9.4	1.51	6.0	40	25	2.3	62	26.4	21.4	9
不及格	50	40	4′30″	41	9.5	1.50	5.8	39	24	1.9	58	27.2	21.8	8

续表

等级	单项得分	肺活量体重指数	800 米	台阶试验	50 米跑（秒）	立定跳远（米）	掷实心球（米）	握力体重指数	仰卧起坐（次/1 分钟）	坐位体前屈（厘米）	跳绳（次/1 分钟）	篮球运球（秒）	足球运球（秒）	排球垫球（次）
不及格	40	38	4′37″	40	9.7	1.47	5.4	38	23	1.2	51	28.3	22.5	7
	30	37	4′44″	39	9.9	1.45	5.0	36	21	0.5	45	29.4	23.1	6
	20	35	4′51″	37	10.2	1.41	4.5	35	20	−0.4	37	30.9	24.0	5
	10	34	5′00″	36	10.4	1.38	4.0	33	18	−1.4	28	32.4	24.9	3

附表 3－3　高中二年级男生各测试项目评分标准

等级	单项得分	肺活量体重指数	1000 米	台阶试验	50 米跑（秒）	立定跳远（米）	掷实心球（米）	握力体重指数	引体向上（次）	坐位体前屈（厘米）	跳绳（次/1 分钟）	篮球运球（秒）	足球运球（秒）	排球垫球（次）
优秀	100	83	3′28″	68	6.4	2.61	13.8	93	24	21.5	190	9.0	6.9	45
	98	82	3′31″	67	6.5	2.60	13.4	92	23	21.1	185	9.4	7.1	44
	96	81	3′33″	66	6.6	2.58	12.8	91	22	20.6	178	10.0	7.5	41
	94	80	3′35″	65	6.7	2.57	12.2	90	21	20.1	170	10.7	7.9	39
	92	79	3′38″	64	6.8	2.55	11.4	88	20	19.5	160	11.5	8.3	36
	90	77	3′41″	62	6.9	2.53	10.6	86	19	18.8	150	12.4	8.8	33
良好	87	76	3′45″	61	7.0	2.51	10.4	84	18	17.9	145	12.8	9.1	32
	84	74	3′49″	59	7.2	2.47	10.0	82	17	16.6	138	13.3	9.5	30
	81	72	4′03″	58	7.3	2.44	9.7	79	16	15.3	131	13.9	9.9	28
	78	69	4′08″	55	7.5	2.39	9.2	76	15	13.5	122	14.7	10.5	25
	75	66	4′13″	53	7.7	2.34	8.7	72	14	11.8	112	15.4	11.0	22
及格	72	65	4′18″	52	7.8	2.31	8.5	70	13	10.6	107	16.0	11.3	21
	69	62	4′23″	51	7.9	2.26	8.1	67	12	8.8	98	17.0	11.8	19
	66	59	4′28″	50	8.0	2.22	7.7	64	11	7.0	90	17.9	12.3	17
	63	56	4′33″	48	8.1	2.15	7.2	60	10	4.6	79	19.2	12.9	15
	60	53	4′38″	46	8.2	2.09	6.8	56	9	2.2	68	20.4	13.5	12
不及格	50	51	4′45″	45	8.3	2.07	6.6	55	7	1.5	64	21.2	13.9	11

续表

等级	单项得分	肺活量体重指数	1000 米	台阶试验	50 米跑（秒）	立定跳远（米）	掷实心球（米）	握力体重指数	引体向上（次）	坐位体前屈（厘米）	跳绳（次/1 分钟）	篮球运球（秒）	足球运球（秒）	排球垫球（次）
不及格	40	50	4′51″	44	8.5	2.04	6.3	53	6	0.4	58	22.5	14.4	10
	30	48	4′58″	43	8.6	2.01	6.1	51	5	-0.7	52	23.7	14.9	8
	20	46	5′05″	42	8.8	1.97	5.7	49	4	-2.1	43	25.4	15.6	6
	10	44	5′12″	40	9.0	1.93	5.4	47	3	-3.5	35	27.0	16.3	4

附表 3 -4　高中二年级女生各测试项目评分标准

等级	单项得分	肺活量体重指数	800 米	台阶试验	50 米跑（秒）	立定跳远（米）	掷实心球（米）	握力体重指数	仰卧起坐（次/1 分钟）	坐位体前屈（厘米）	跳绳（次/1 分钟）	篮球运球（秒）	足球运球（秒）	排球垫球（次）
优秀	100	70	3′24″	66	7.6	2.03	8.1	70	52	20.7	178	11.6	7.7	40
	98	69	3′27″	65	7.7	2.02	8.0	69	51	20.4	173	11.9	8.2	39
	96	68	3′29″	64	7.8	2.00	7.9	68	50	19.9	166	12.4	9.0	36
	94	67	3′32″	63	7.9	1.99	7.8	67	49	19.4	158	13.0	9.8	34
	92	66	3′35″	62	8.1	1.97	7.7	66	47	18.7	148	13.7	10.9	31
	90	64	3′38″	60	8.2	1.95	7.5	64	45	18.0	138	14.4	11.9	28
良好	87	63	3′42″	59	8.3	1.93	7.4	63	44	17.2	134	15.1	12.3	27
	84	61	3′46″	57	8.4	1.89	7.3	60	43	16.0	127	16.2	12.9	25
	81	59	3′50″	54	8.5	1.85	7.2	58	41	14.8	120	17.3	13.6	23
	78	57	3′54″	52	8.6	1.80	7.1	55	39	13.2	111	18.8	14.4	21
	75	54	3′58″	49	8.7	1.75	6.9	52	37	11.6	102	20.2	15.3	18
及格	72	52	4′03″	48	8.8	1.73	6.8	51	36	10.5	98	21.0	16.0	17
	69	50	4′08″	47	8.9	1.69	6.7	48	34	8.8	91	22.1	17.1	16
	66	47	4′13″	46	9.0	1.65	6.5	46	32	7.2	84	23.2	18.2	14
	63	44	4′18″	44	9.1	1.60	6.3	43	29	4.9	75	24.7	19.7	12
	60	41	4′23″	42	9.2	1.54	6.1	40	27	2.7	66	26.2	21.2	10
不及格	50	40	4′30″	41	9.3	1.53	5.9	39	26	2.2	62	27.0	21.6	9

续表

等级	单项得分	肺活量体重指数	800 米	台阶试验	50 米跑（秒）	立定跳远（米）	掷实心球（米）	握力体重指数	仰卧起坐（次/1 分钟）	坐位体前屈（厘米）	跳绳（次/1 分钟）	篮球运球（秒）	足球运球（秒）	排球垫球（次）
不及格	40	38	4′37″	40	9.5	1.5	5.6	38	24	1.3	55	28.1	22.3	8
	30	37	4′44″	39	9.7	1.47	5.4	37	23	0.5	49	29.2	22.9	7
	20	36	4′51″	38	10.0	1.44	5.0	35	21	−0.6	40	30.7	23.8	6
	10	34	5′00″	36	10.2	1.41	4.6	33	19	−1.7	31	32.2	24.7	4

附表 3－5　高中三年级男生各测试项目评分标准

等级	单项得分	肺活量体重指数	1000 米	台阶试验	50 米跑（秒）	立定跳远（米）	掷实心球（米）	握力体重指数	引体向上（次）	坐位体前屈（厘米）	跳绳（次/1 分钟）	篮球运球（秒）	足球运球（秒）	排球垫球（次）
优秀	100	83	3′27″	74	6.2	2.63	14.2	94	25	22.5	195	8.8	6.6	45
	98	82	3′28″	72	6.3	2.62	13.8	93	24	22.1	190	9.2	6.8	44
	96	81	3′31″	71	6.4	2.6	13.2	92	23	21.6	182	9.8	7.2	41
	94	80	3′33″	69	6.5	2.59	12.6	90	22	21.0	174	10.5	7.6	39
	92	79	3′35″	66	6.6	2.57	11.8	88	21	20.2	164	11.3	8.0	36
	90	78	3′39″	64	6.7	2.55	11.0	87	20	19.5	153	12.2	8.5	33
良好	87	76	3′42″	62	6.8	2.53	10.8	85	19	18.6	148	12.6	8.8	32
	84	74	3′45″	60	7.0	2.49	10.4	82	18	17.2	140	13.1	9.2	30
	81	72	3′49″	58	7.2	2.45	10.1	80	17	15.8	133	13.7	9.6	28
	78	70	3′53″	56	7.5	2.4	9.6	76	16	13.9	122	14.5	10.2	25
	75	67	3′58″	53	7.7	2.35	9.1	73	15	12.1	112	15.2	10.7	22
及格	72	65	4′05″	52	7.8	2.32	8.9	71	14	10.9	107	15.8	11.0	21
	69	63	4′12″	51	7.9	2.28	8.4	67	13	9.2	99	16.8	11.5	19
	66	60	4′19″	50	8.0	2.23	8.0	64	12	7.4	91	17.7	12.0	17
	63	57	4′26″	48	8.2	2.17	7.5	60	11	5.0	81	19.0	12.6	15
	60	53	4′33″	46	8.3	2.11	6.9	55	10	2.7	70	20.2	13.2	12
不及格	50	52	4′40″	45	8.4	2.1	6.7	54	8	2.1	66	21.0	13.6	11

续表

等级	单项得分	肺活量体重指数	1000 米	台阶试验	50 米跑（秒）	立定跳远（米）	掷实心球（米）	握力体重指数	引体向上（次）	坐位体前屈（厘米）	跳绳（次/1 分钟）	篮球运球（秒）	足球运球（秒）	排球垫球（次）
不及格	40	51	4′47″	44	8.5	2.07	6.4	52	7	1.2	60	22.3	14.1	10
	30	49	4′54″	43	8.7	2.04	6.1	50	6	0.3	54	23.5	14.6	8
	20	47	5′01″	42	8.8	2.01	5.7	48	5	−1.0	45	25.2	15.3	6
	10	45	5′08″	40	9.0	1.97	5.4	46	4	−2.2	37	26.8	16.0	4

附表 3－6　高中三年级女生各测试项目评分标准

等级	单项得分	肺活量体重指数	800 米	台阶试验	50 米跑（秒）	立定跳远（米）	掷实心球（米）	握力体重指数	仰卧起坐（次/1 分钟）	坐位体前屈（厘米）	跳绳（次/1 分钟）	篮球运球（秒）	足球运球（秒）	排球垫球（次）
优秀	100	68	3′24″	70	7.4	2.05	8.2	72	52	21.0	185	11.4	7.5	40
	98	67	3′27″	69	7.5	2.04	8.1	71	51	20.7	179	11.7	8.0	39
	96	66	3′29″	67	7.6	2.03	8.0	70	50	20.1	170	12.2	8.8	36
	94	65	3′32″	65	7.7	2.01	7.9	68	49	19.6	161	12.8	9.6	34
	92	64	3′35″	62	7.9	1.99	7.8	67	47	18.9	148	13.5	10.7	31
	90	63	3′38″	59	8.0	1.97	7.6	65	45	18.2	136	14.2	11.7	28
良好	87	62	3′42″	58	8.1	1.95	7.5	63	44	17.4	132	14.9	12.1	27
	84	60	3′46″	56	8.2	1.91	7.4	61	43	16.2	125	16.0	12.7	25
	81	58	3′50″	54	8.3	1.87	7.3	59	41	14.9	119	17.1	13.4	23
	78	56	3′54″	52	8.4	1.82	7.2	56	39	13.3	111	18.6	14.2	21
	75	54	3′58″	49	8.5	1.77	7.0	53	38	11.7	102	20.0	15.1	18
及格	72	52	4′03″	48	8.6	1.74	6.9	51	36	10.6	98	20.8	15.8	17
	69	50	4′08″	47	8.7	1.7	6.8	48	35	8.9	92	21.9	16.9	16
	66	48	4′13″	46	8.8	1.67	6.6	46	33	7.2	86	23.0	18.0	14
	63	44	4′18″	44	8.9	1.61	6.4	42	30	5.0	78	24.5	19.5	12
	60	41	4′23″	42	9.0	1.56	6.2	39	28	2.7	71	26.0	21.0	10
不及格	50	40	4′30″	41	9.2	1.54	6.0	38	27	2.2	66	26.8	21.4	9

续表

等级	单项得分	肺活量体重指数	800 米	台阶试验	50 米跑（秒）	立定跳远（米）	掷实心球（米）	握力体重指数	仰卧起坐（次/1 分钟）	坐位体前屈（厘米）	跳绳（次/1 分钟）	篮球运球（秒）	足球运球（秒）	排球垫球（次）
不及格	40	39	4′37″	40	9.4	1.52	5.7	37	26	1.5	59	27.9	22.1	8
	30	38	4′44″	39	9.6	1.49	5.5	35	24	0.8	52	29.0	22.7	7
	20	36	4′51″	38	9.9	1.45	5.1	33	23	−0.2	42	30.5	23.6	6
	10	35	5′00″	36	10.2	1.42	4.7	31	21	−1.2	33	32.0	24.5	4

参考文献

[1]中华人民共和国国家体育运动员委员会. 中国成年人体质测定标准手册[S]. 北京:中国标准出版社,1996.

[2]孙长颢. 营养与食品卫生学[M].4 版. 北京:人民卫生出版社,2001.

[3]李洪梅. 肥胖的诊断和治疗[J]. 中国临床医生,2003(3):2 -3.

[4]傅华,李枫. 现代健康促进理论与实践[M]. 上海:复旦大学出版社,2003.

[5]姚鸿恩. 体育保健学[M].4 版. 北京:高等教育出版社,2006.

[6]张钧,张蕴琨. 运动营养学[M].2 版. 北京:高等教育出版社,2010.

[7]杨月欣. 中国食物成分表[M]. 北京:北京大学医学出版社,2019.